복지국가는
살아남을 수 있는가

Can the Welfare State Survive?

by Andrew Gamble

복지국가는
살아남을 수 있는가

앤드루 갬블 Andrew Gamble 지음
박형신 옮김

Can

the

Welfare

State

Survive?

한울
아카데미

차 례

나의 어머니 조앤 웨스톨(1919~2015)과

나의 아버지 마크 갬블(1914~2007)을

추모하며

서론

복지국가는 살아남을 수 있는가? 그렇다. 내가 생각하기에는 살아남을 수 있다. 문제를 제기하는 것 자체가 이상하게 보일지도 모른다. 서구 사회는 제2차 세계대전 이후 70년 동안 꾸준히 더 부유해지고 더 안전해져 왔다. 이 시기 동안 복지국가의 확립과 확장은 서구 번영의 가장 자랑스러운 성과이자 가장 분명한 결실 중 하나였다. 복지국가는 부유한 사회를 구별짓는 특징 중 하나이다. 생애주기에 발생하는 위험을 집단적으로 공유하는 것, 모든 사람에게 더 나은, 그리고 더 안전한 생활을 제공하기 위해 세대 간에 재분배를 하는 것, 빈곤을 완화하는 것—누가 이러한 것들을 진정으로 반대할 수 있는가?

하지만 복지국가가 다 잘 돌아가는 것은 아니다. 부자가 될수록 복지국가에 기꺼이 비용을 지불하고자 하는 의향과 능력은 줄어들고 있는 것처럼 보인다. 우리는 복지에 필요한 자금이 부족하고 복지 프로그램들에 수급 위기가 다가오고 있고 비용은 점점 증가하는 반면 서비스 기준은 낮아지고 있다는 소리를 끊임없이 듣는다. 지금까지 수십 년 동안 모든 종류의 복지국가가 번영과 경제 성장의 시기일 때조차 계속해서 비판에 시달려 왔다. 복지국가의 팽창기는 1970년대에 끝이 났고, 그 이후 복지국가는 영구 긴축의 시대로 접어들었다. 복지국가는 비용을 감당하기가 힘들어지고 있고 낭비적이고 비효율적이며 따라서 과감한 개혁이 필요하다는 불평이 끊이지 않아왔다.

1990년대 동안에 광범위한 개혁이 시작되면서, 한동안 복지국가에 새로운 정치적 토대가 마련되는 것처럼 보였다. 그러나 2008년의 금융 붕괴와 그것이 초래한 심각한 여파로 인해 복지국가는 축소와 긴축의 새로운 시대에 직면해야만 했다. 어떤 복지 프로그램을 보호해야 하고 어떤 복지 프로그램을 삭감하거나 축소해야 하는지를 놓고 새로운 싸움이 벌어졌다. 그리고 어떤 사람들은 감히 상상조차 할 수 없었던 일을 생각하기도 하고, 복지**국가**가 과연 우리에게 필요한 것인가 하는 의구심을 가지기도 한다.

그렇다면 복지국가는 한때 자신의 자리를 가지고 있었을지 모르지만 21세기의 정치경제와 점점 더 충돌하는, 시대에 뒤진 산업자본주의적 과거의 유물로, 해체되어야 하는 것인가?

복지란 무엇을 의미하는가? 『옥스퍼드 영어 사전Oxford English Dictionary』은 복지welfare를 "잘하고 잘 지내는 상태 또는 조건; 행운, 행복 또는 복리; 번영"으로 정의한다. 16세기에 "잘 지내세요Well fare you"라는 말은 "잘되기 바라요May it go well with you"라는 뜻이었다. 모든 사람은 잘 지내고 싶어 하고, 좋은 기회, 건강, 교육을 얻고 싶어 하며, 병, 부상, 또는 실직으로 인해 생계를 유지할 수 없게 되는 위험으로부터 보호받고 싶어 하고, 온전한 삶을 사는 데 필요한 기본 자원에 접근하고 싶어 한다. 그렇다면 왜 국가가 개입해야 하는가? 여기에는 논란이 있다.

국가는 복지를 제공하는 데서 서로 다른 형태의 역할을 취해 왔다. 이것은 미국의 '복지'에 대한 정의가 왜 유럽의 복지 정의와 크게 다른지를 설명해 준다. 미국에서 복지는 빈민을 지원하고 그들에게 최소한의 생활수준을 제공하는 소득 이전 또는 직접 서비스를 의미하는 것으로 좁게 정의된다. 유럽에서는 복지가 빈민에게 재분배를 하는 것뿐만 아니라 위험을 집단적으로 공유하고 모든 시민의 인적 자본에 투자하는 데 드는 지출까지를 포함하는 것으로 넓게 정의된다. 그러므로 복지는 건강, 교육, 연금에 대한 지출을 포함한다.

만약 복지국가가 가난한 사람들에게만 관심을 가지는 것으로 이해된다면, 대다수의 시민은 복지국가에 아무런 관심도 없을 것이다. 그러나 만약 복지국가가 모든 시민이 자신들의 삶의 서로 다른 단계에서 이용하는 주류 서비스까지를 포괄한다면, 시민들은 복지국가에 매우 큰 관심을 가질 것이다.[1]

복지국가가 살아남을 수 있는지를 탐구하면서, 나는 복지에 대한 좁은 정의보다는 넓은 정의를 사용할 것이다. 복지국가가 발전함에 따라, 복지국가는 단지 안전망을 제공하는 것 훨씬 이상의 것에 관심을 가져왔다.

복지국가가 무엇을 의미하는지를 분명하게 정의하는 것이 중요한 까닭은 복지국가의 '생존survival'을 규정하는 데 영향을 미치기 때문이다. 만약 복지국가의 생존을 순전히 지출로만 측정한다면, 복지국가는 긴축과 감축의 한가운데에서도 아주 건강한 상태에 있는 것으로 보인다. 그러나 그러한 총합 수치는 자주 복지국가의 운영방식에서 일어난 질적 변화를 반영하지 못한다. 복지 지출이 어느 때보다 많더라도, 복지국가가 더 이상 이전처럼 위험으로부터 시민을 보호하지 않거나 가난한 사람들에게 훨씬 더 가혹해지고 있다면, 복지국가는 대체 시민들에게 어떤 위안을 주는가?

긴축 시대에 복지국가는 극심한 압박을 받는다. 이것은 흥미로운 질문을 제기한다. 복지국가는 어느 지점에서 복지국가이기를 멈추는가? 이 질문은 부분적으로는 규범적이고 부분적으

로는 경험적이다. 규범적인 측면은 복지국가가 살아남아야 하
는가라는 것으로(이는 복지국가는 살아남을 가치가 있는가를 의미한
다), 이는 복지국가가 살아남을 것인가라는 경험적 질문과는 구
분된다.

많은 시장 자유지상주의자들이 주장하는 것처럼, 당신은 복
지국가가 살아남아서는 안 된다고 주장하면서도, 복지국가를
해체하는 데에는 정치적 장애물이 너무나도 많기 때문에 복지
국가가 살아남을 가능성이 아주 크다고 우울하게 결론 내릴 수
도 있다.

복지국가의 옹호자 중에는 폴 피어슨Paul Pierson처럼 과거에
복지국가를 그토록 탄력적이게 만들었던 바로 그 특징들이 실
제로 복지국가를 개혁할 수 없게 만들어왔고 또한 지금은 금융
위기의 여파로 등장한 새로운 상황 속에서 복지국가가 매우 취
약해졌기 때문에 복지국가가 그렇게 오랫동안은 살아남지 못
할 수도 있다고 심히 우려하는 사람들도 있다.[2]

안톤 헤머레이크Anton Hemerijck 같은 사람들은 이와 대조적
인 견해를 피력했다. 그는 복지국가가 직면한 위험을 인정하면
서도, 위기가 복지국가를 위한 개혁과 새로운 진보의 기회를 창
출한다고 주장한다.[3] 나는 헤머레이크의 의견에 동의한다. 복
지국가는 살아남을 수 있지만, 복지국가가 직면한 핵심 과제 중

일부가 새로운 정치를 통해 해결될 때에만 살아남을 수 있다. 복지국가의 생존이 보장되거나 생존이 확실하지는 않지만, 복지국가는 생존 가능하다.

복지국가는 네 가지 핵심 과제에 직면해 있다. 첫 번째 과제는 **비용 감당 가능성**affordability이다. 이는 자원과 기대를 조화시키는 것으로, 복지국가에는 영구적인 과업이다. 복지국가가 필요로 하는 자원이 복지국가에 공급되지 않는다면, 복지국가가 어떻게 살아남을 수 있겠는가? 복지국가의 시민들이 원하는 것은 복지국가라는 수단이 아니라 복지국가의 목적이기 때문에 그들은 고품질의 공공 서비스를 원한다. 하지만 시민들은 그러한 서비스를 공급하기 위한 자금을 조달하는 데 필요한 세금을 내는 것은 꺼린다. 복지국가가 확대되면서 시민들의 기대치는 높아져 왔고, 표를 얻기 위한 정당 간의 경쟁은 그 기대치에 부채질을 해왔다.

복지국가 발전의 초기 단계에서는 비용을 조달하기가 지금보다 더 용이했다. 그러나 프로그램이 갖추어짐에 따라 연금과 같은 많은 프로그램에서 장기적으로 필요한 자금을 어떻게 조달할 것인가 하는 문제가 점점 더 크게 부각되어 왔다. 그러한 비용은 앞으로 기하급수적으로 증가할 것으로 예상되는데, 이는 프로그램이 훨씬 덜 관대해지거나 시민들이 세금 인상에 동의하지 않는 한 복지국가가 심각한 재정 압박에 봉착할 수도 있음을 시사한다.

두 번째 과제는 **국제 경쟁력**international competitiveness이다. 세계의 많은 신흥 강국이 복지 비용의 부담을 지지 않는 형태로 자본주의를 발전시키고 있는 상황에서 복지국가는 어떻게 살아남을 수 있는가? 부유한 경제는 높은 노동 비용 때문에 노동의 측면에서는 다른 경제와 경쟁할 수 없다.

많은 사람이 서구 세계가 몇 세기 동안 더 높은 수입과 더 높은 이윤 형태로 추출해 온 지대가 점차 감소하고 있고 그로 인해 복지국가의 재정 기반은 물론 그 기반을 지탱해 온 사회계약도 무너지고 있다고 우려한다. 이것은 새로운 문제가 아니다. 과거에도 지구화 및 '바닥으로의 경쟁race to the bottom'과 관련하여 동일한 우려가 제기되었다. 그간 많은 복지국가가 자신의 탄력성을 입증하면서, 그러한 우려는 근거 없는 것으로 판명되었었다.[4] 그러나 금융 붕괴 이후 새로운 형태의 불경기가 도래하면서, 이러한 우려는 다시 한번 표면화되었다.

세 번째 과제는 **새로운 사회적 위험**new social risks이다. 복지국가는 오늘날 선진 자본주의 사회들을 특징짓는 서로 매우 다른 경제적·사회적 풍경에 발맞추어 개편될 수 있는가? 복지국가는 큰 정부, 대기업, 대규모 노동조합의 시대에 발전했다. 복지국가는 그러한 많은 기관과 집단 윤리 및 목적을 공유했다. 복지국가는 20세기 전반에 미국과 독일에서 개척된 현대 산업 사회에 맞서 자연스럽게 출현한 대응물이었다.

대량 제조업이 쇠퇴하고 서비스 경제가 부상하면서, 오늘날 의 시장사회는 개인의 창의력과 책임을 훨씬 더 강조해 왔고, 이는 과거에 집합행위를 뒷받침하고 정치적 지지를 창출했던 노동조합과 같은 많은 집합 구조와 조직을 부식시켰다. 새로운 사회적 위험은 노동인구에서 여성이 수행하는 역할의 변화, 전 통적인 가족 형태의 약화, 사회적 돌봄의 중요성 증대, 그리고 급속한 노동시장 변화로 인한 개인들의 새로운 취약성(이는 개 인의 기술이 낮거나 부족하기 때문에, 그리고 매우 많은 일자리가 불안 정하기 때문에 초래된다)에서 비롯된다.

네 번째 과제는 **고령화**ageing이다. 복지국가는 고령화라는 인 구학적 변화에 적응할 수 있는가? 많은 성숙한 복지국가가 젊 은 시민에 비해 나이 든 시민이 차지하는 비율이 증가함으로써 발생하는 과제에 직면해 있다. 노인은 더 오래 사는 반면 출산 율은 감소하고 있다. 이는 부분적으로는 복지국가가 더 나은 그 리고 더 보편적인 의료 서비스를 제공하는 데 성공했고, 공중 보건에 더 많이 투자하는 데 성공했으며, 더 많은 여성을 노동 시장에 진입시키는 데에도 성공했기 때문이다.

사람들은 복지국가의 초기에 가정했던 연령을 넘어서 살고 있다. 동시에 많은 나라에서 인구 증가율이 감소하고 있는데, 인구 감소 문제에 하나의 해결책을 제공할 수 있는 이민은 억제되고 있다. 그 결과, 노인 부양 비용이 꾸준히 증가하고 있으며, 노인 부양비의 대부분은 젊은 세대에게 돌아간다.

이 네 가지 과제는 정부에게 다루기 힘든 많은 딜레마를 안겨 준다. 정부로서는 그러한 문제들이 없어지기를 바랄 수도 없으며, 또한 그러한 문제들을 관리하기 위해서는 정부가 달갑지 않은 많은 선택을 해야 하기 때문이다. 따라서 현대 정부는 다른 많은 영역에서와 마찬가지로 어떤 해결책이 뜻밖에 발견되거나 문제가 기적적으로 스스로 해결되기를 바라면서 끝없이 결정을 연기한다.

복지국가를 비판하는 사람들의 주장에 따르면, 이러한 딜레마들은 해결될 수 없으며, 결국에는 복지국가가 지속되어야 한다는 주장을 약화시킨다. 그리고 그들은 계속해서 이렇게 주장한다. 복지국가의 실패는 고칠 수 없다. 그리고 사람들이 복지국가가 살아남기를 원하든 원하지 않든 간에 복지국가는 점점 더 역기능적이 되고 있으며, 무한정 지속될 수도 없다. 지난 100년 동안 구축된 큰 국가의 많은 것이 해체되어야 하며, 우리는 복지 지출이 국민 소득의 15~20%를 결코 넘지 않는 작은 국가의 시대로 돌아가야 한다(현재는 국민 소득의 40~50%를 차지한다).

복지국가가 살아남아야 한다면, 복지국가의 옹호자들은 복지국가가 왜 살아남을 만한 가치가 있는지를 설명해야 할 뿐만 아니라 그 효과와 정당성을 훼손할 우려가 있는 과제들을 분석하여 그 과제들을 극복할 수 있는 방법을 제시해야 한다. 이것이 바로 우리가 이 책에서 시도하는 것이다.

나는 복지국가에 찬성하는 주장과 반대하는 주장을 살펴보고, 우리가 어떻게 현재 상황에 도달했는지를 개관하고, 복지국가를 둘러싼 몇몇 논쟁을 탐구하고, 복지국가의 과제와 미래의 궤적에 대해 논의한다. 그리고 나는 많은 결점에도 불구하고 복지국가는 사라지지 않을 것이며 장기적인 생존 전망을 강화하는 방식으로 개혁될 수 있다고 주장한다. 그러나 그렇게 되기 위해서는 정치적 상상력과 정치적 의지, 그리고 변화를 가로막는 장애물에 기꺼이 맞서고자 하는 의지가 필요할 것이다.

내가 복지국가의 미래를 낙관하는 이유는 복지국가가 처음 출현했던 기본적인 정치적·경제적 이유가 사라지지 않았기 때문이다. 많은 증거가 정치적·경제적 환경이 매우 적대적일 때조차도 복지국가가 탄력적임을 보여준다. 그러나 복지국가가 직면하고 있는 과제가 매우 어렵고 복잡하다는 것을 부인하는 것은 어리석은 짓일 것이다.

특정 서구 국가들, 특히 앵글로-아메리카 내의 일부 국가에서 특정한 정치적 모멘텀이 진전되어 복지국가를 점진적으로 해체하고 훨씬 더 불평등하고 계층화된 형태의 자본주의를 고착화시킬 것으로 상상하는 것도 전적으로 가능하다. 복지국가의 진전과 관련하여 불가피한 것은 없다. 그것은 정치적 선택과 정치적 결정의 문제이다.

복지국가의 확대를 가로막는 강력한 제약들도 존재하지만, 복지국가의 해체를 막는 강력한 제약들도 존재한다. 금융 붕괴에도 불구하고, 신자유주의 사상은 여전히 세계를 지배하고 있고 신자유주의에 대한 제대로 된 대안도 존재하지 않는다. 현재는 교착상태이다.[5] 이 문제가 서로 다른 나라에서 정치적으로 어떻게 해결되는지에 따라 어떤 종류의 복지국가가 살아남을 것인지, 그리고 실제로 복지국가가 살아남을 수 있을 것인지가 결정될 것이다.

제1장

복지국가의 삶과 시대

100년 이상 동안 복지국가는 가장 성공한 선진 자본주의 경제에서 필수적인 부분이었다. 복지국가는 정치적 스펙트럼의 모든 부분에서 응당한 지지를 받았다. 그리고 20세기에는 복지국가가 특히 노동운동 정당이나 민주적 좌파 정당들과 동일시되었지만, 처음에는 주로 독일의 오토 폰 비스마르크Otto von Bismark 같은 보수적인 귀족들과 영국의 조지프 체임벌린Joseph Chamberlain 같은 자유주의적 산업가들을 포함하여 우파 및 중도우파의 정치인들과 연관되어 있었다.

19세기에는 많은 유산계급 대표자가 국가가 자금을 조달하는 방식의 복지 프로그램을 개발하는 것을 지지했다. 당시의 복지 프로그램들은 주로 실업급여와 연금을 지급함으로써 도시 노동계급에게 더 큰 안전성을 제공하고 시장의 불확실성으로부터 노동계급을 얼마간 보호하고자 했다. 노동하는 사람들 대부분은 재산이나 자산이 없었고, 따라서 일자리를 잃거나 병이 나거나 늙으면, 또는 가족의 주요 생계부양자가 죽거나 도망을 가면 극심한 가난에 빠질 위험에 항상 처해 있었다. 불행은 예고 없이 닥쳐서 심지어 호황기에도 커다란 불확실성을 만들어낼 수 있었다.

당시에는 노동하는 빈민, 특히 지원받을 자격이 있는 빈민deserving poor을 위해, 즉 열심히 일하고 의무를 다했지만 자신의 잘못 없이 고난과 불행을 겪는 사람들을 위해 무언가를 해야 한다는 인식이 꾸준히 증가하고 있었다. 기독교 교회들은 사람들의 생각을 바꾸는 데서 중요한 역할을 했다. 그 과정에서 동정심이 일정한 역할을 했지만, 공포 또한 하나의 강력한 유인이었다.

비스마르크는 사회주의 운동을 분할하고 노동자들이 자신들의 복지를 독일 국가에 의존하게 함으로써 독일에서 사회주의 운동이 부상하는 것을 막고자 했다. 체임벌린은 재산이 자신의 특권을 유지하기를 원한다면 대가를 지불해야 한다고 직설적으로 선언했다. 이 견해는 유럽 전역에서 널리 공유되었다.

에드워드 시대의 잉글랜드와 프랑스 황금시대La Belle Époque

의 눈부신 전시물 모두는 19세기 자본주의가 창출한 막대한 부와 부의 매우 불평등한 분배 모두를 반영하는 것이었다. 당시에 부는 그 시대 이후의 어느 때보다도 집중되어 있었다. 그리고 유산자들의 부와 거의 대다수 노동자의 빈곤과 불안정이라는 극명하게 대비되는 상황은 좌파의 급진적인 반자본주의 운동을 자극하는 데 일조했다.

국가를 통해 복지를 제공하는 것은 국가가 가난한 사람들에게 정치체계의 더 큰 지분을 줌으로써, 다시 말해 국가가 부자뿐만 아니라 빈자를 위해서도 행동한다는 것을 증명함으로써 재산을 보호하고 대중 저항을 비껴가는 수단으로 여겨졌다. 이러한 방식으로 가난한 사람들을 돕는 것은 큰 논란거리였지만, 그것은 온정주의―가난한 사람들은 공동체의 도움을 받을 자격이 있다는 인식―는 물론 편의주의―최소한의 수입과 안전을 보장하는 것, 즉 가구 소득의 파멸적인 감소를 막는 것은 그것이 사회 혼란과 사회 혁명을 피하는 데 도움이 된다면 그 성과에 비해 적은 비용이 드는 일이라는 인식―에 근거하여 정당화되었다.

비판자들은, 그 후에도 늘 그래왔듯이, 복지국가는 파멸에 이르는 길slippery slope이라고 경고했다. 그들에 따르면, 일단 국가가 가난한 사람들에게 경제적 안전을 제공하는 책임을 지면, 노동에 대한 인센티브가 제거될 것이고, 그리하여 계속해서 점점 더 많은 피부양자를 만들어낼 것이었다. 허버트 스펜서Herbert Spencer는 유럽 전역의 많은 자유주의자를 대변했다. 그에 따르면, 누군가가 빈민굴로 들어간다면 그것은 그들 자신의 잘못이며, 국가는 그들의 어리석음이 초래한 결과로부터 그들을 보호하는 일에 나서서는 안 된다.

이 견해는 널리 받아들여졌지만, 궁극적으로 지배적인 견해가 되지는 못했다. 민간에서 자발적으로 제공하는 복지는 공백이 너무 컸고, 그러한 문제를 해결하는 데 국가의 재정적·조직적 능력을 이용하는 것은 많은 이점을 가지고 있었다. 복지 제공 범위가 넓어질 수 있었고, 일단의 공통의 규칙이 모두에게 적용될 수 있었다.

대부분의 초기 복지 프로그램은 특별히 관대하지 않았고, 보험 원칙과 밀접하게 결부되어 있었다. 노동자들은 그 프로그램에 돈을 지불했고 그런 다음 필요할 때 지급금을 보장받았다. 이러한 방식으로 개인의 책임과 자립심이 유지되었다. 그리고 시장 질서에 대한 간섭도 최소한으로 이루어졌다. 국가가 보장한 것은 자금이 필요할 때 그곳에 항상 자금이 있을 것이라는 점이었고, 이것은 불안심리를 줄이는 데 도움이 되었다.

그러므로 최초의 복지국가는 새로운 산업자본주의에서 노동하는 빈민이 겪는 곤경에 대한 도덕적 대응물로 출현한 것이기도 했지만, 자기방어를 위해 조직화하기 시작한 노동계급에게 등을 돌린 국가가 자신이 처한 정치적 위험에 대한 실용적 대응물로 만들어낸 것이기도 했다. 그러나 도덕성과 편의성 외에도 복지국가가 등장한 데에는 또 다른 강력한 이유가 있었다.

근대 산업 경제는 자신의 잠재력을 최대한 발휘하기 위해 더 건강하고 더 잘 교육받고 더 나은 임금을 받는 노동자들을 필요로 했다. 시장은 필요한 것을 제공하기에는 너무 느리고 너무 불확실하고 너무 낭비적이고 너무 선택적인 것으로 여겨졌고, 그 간극은 단지 가족에 의해 부분적으로만 메워질 수 있었다. 이때 국가를 확장하는 것은 하나의 해결책이 되었다. 우파에서 든 좌파에서든 신집산주의new collectivism는 근대 국가를 자유방임주의적 자본주의의 낭비와 비효율을 극복하고 각국의 잠재력을 최대한 동원할 수 있는 하나의 기업, 하나의 계획 경제, 하나의 군사 작전으로 간주했다.

복지국가는 또한 국가 건설, 즉 공동의 시민권 창출에 관한 것이기도 했다. 근대 시민들은 모두 동일한 국가의 성원이었고, 따라서 의무와 책임뿐만 아니라 일정한 자격과 기대도 가지는 존재였다. 각 나라는 운명 공동체였다. 시민들은 서로에게 의존했다. 그들의 운명은 국가 공동체에 속한 다른 모든 시민의 운명과 뗄 수 없는 관계에 있었다. 이것은 국가 또한 모든 시민의 잠재력을 극대화해야 하는 의무를 가지는 동시에 그렇게 하는 것에 대해 관심을 가진다는 것을 의미했다.

최고의 교육을 제공하고, 최고의 의료 서비스를 제공하며, 창의성을 발휘하고 훈련을 받을 최고의 기회를 제공하는 것, 이 모든 것이 근대 시민들이 국가에 기대하는 것이자 근대 정부가 실행하기 위해 분투하는 것이 되었다. 국가들은 다른 나라들과 경쟁하고 있었고, 따라서 정부는 자신들의 가장 가치 있는 자원인 자국민을 무시할 수 없었다.

유럽의 새로운 민족주의, 그리고 국가의 역할과 역량을 확대하라는 압력은 민주주의의 확산과 밀접하게 연계되어 있었다. 19세기 말에 유럽의 정치권력은 여전히 제한적인 참정권에 의해 자신의 지위를 보호받던 한정된 정치 계급의 수중에 있었다. 유럽 사회민주주의의 노동운동은 반국가운동이었다. 왜냐하면 국가는 유산계급 ─ 귀족과 자본가 둘 다 ─ 의 독점물이었기 때문이다. 그러한 운동 중 다수가 위험을 공유하고 성원들을 보호하기 위해 국가 밖에 자신들의 제도를 설립했다.

반자본주의적이자 반국가적인 협동조합운동과 노동운동에는 중요한 조류들이 있었다. 그 운동들은 국가가 인식하지 못하는 욕구를 충족시키고 시장 경제의 불확실성과 위험으로부터 자신의 성원을 보호하기 위해 기존 국가와 시장 둘 다의 외부에 보호 권역을 만들고자 했다. 그 제도들은 자본주의 시장의 영향을 일부 완화하기 위한 집단적 자립의 형태를 취했지만, 그러한 제도들의 힘은 제한적이었다.

이 모든 것은 제1차 세계대전이 끝난 후 유럽 전역의 모든 시민, 즉 남녀 모두에게로 투표권이 확대되면서 바뀌었다. 민주적 좌파 정당들은 자신들의 목적을 달성하기 위해 새로운 전략을 개발했다. 그 전략에는 대의민주주의 제도를 통해 의회의 과반수를 확보하고 국가 관료제의 기존 기구를 장악함으로써 정치권력을 획득하여 자신들의 강령을 실행하는 것도 포함되어 있었다.

일부 격렬한 투쟁이 있은 후에 복지 프로그램이 바람직할 뿐만 아니라 국가를 통해 제공되거나 국가에 의해 뒷받침되어야 한다는 합의가 정치적 스펙트럼 전반에서 점차 출현했다. 가톨릭 사회 교리의 영향을 받은 중도우파 정당들도 특정한 유형의 복지국가 옹호자로 그 모습을 드러냈다. 우파 정당과 좌파 정당 간의 논쟁은 점점 더 원리 그 자체에 대해서가 아니라 국가의 복지 공급이 얼마나 관대해야 하는지, 그리고 얼마나 많은 재분배가 수반되어야 하는지를 놓고 전개되었다.

하지만 진전은 여전히 더디었는데, 부분적으로는 19세기 조세 국가의 재정 기반이 유산계급의 이해관계에 맞춰져 있었고 보편적 복지 프로그램을 지원하는 데 필요한 종류의 자금을 제공하기에는 너무 협소했기 때문이었다. 그러나 20세기 전반 동안에 점차 집산주의적 처방과 접근방식이 채택되었고, 국가가 세금을 부과하고 징수할 수 있는 역량을 확대하는 방법들이 발견되었다.

전쟁은 이 점에서 큰 기폭제였다. 전면 전쟁의 시대에 국가의 생존을 확보하기 위해 국가를 확장해야 할 필요성이 대두되자, 정부는 무기 조달과 군대 유지에 필요한 새로운 세입원을 발굴해야 했다. 정부는 동시에 근대 사회의 서로 다른 많은 측면을 통제하고 계획할 수 있는 새로운 힘을 얻었다. 일단 국가가 확장되자, 국가를 예전 규모로 다시 축소하는 것은 어려웠다. 개인주의와 자유방임주의를 자신의 교의로 삼고 권력의 중앙집중화와 국가에 대해 의구심을 가지는 옛 자유주의적 정치경제학은 영미 심장부에서조차 한동안 의심받았다.

그 이유 중 하나는 1929년 월스트리트의 급격한 주가 폭락이었다. 이로 인해 국제 경제 질서가 무너졌고, 금본위제가 붕괴했으며, 많은 나라에서 경제 침체와 불황이 발생했고, 경제적·군사적 블록들이 출현했다. 이러한 사건들은 이미 이룩한 개혁이 충분한 정도로까지 진척되지 않았다는 주장을 강화시켰다. 자본주의는 모든 시민에게 최소한도의 기본 수입과 안전을 제공하기 위해 근본적으로 재조직화되어야 했다. 이 과정이 어떻게 진전될지는 처음에는 불분명했다.

1930년대의 개혁은 단편적이고 점증적인 형태로 이루어졌다. 또 한 번의 세계대전이 발발한 것은 상황을 변화시키고 국내 정치경제와 국제 정치경제를 훨씬 더 전반적으로 재구성하는 기회를 제공했다. 이번에는 그 규모가 새롭고도 무시무시했다. 제2차 세계대전과 함께 발생한 각국의 생존 투쟁의 강도는 새로운 국내 질서뿐만 아니라 새로운 세계 질서까지 요구했다. 각국은 전쟁을 위해 자신들을 효과적으로 조직할 경우, 모두를 위한 복지와 안전을 기반으로 평화와 번영을 지속해서 누릴 수도 있었다.

새로운 분위기와 목적이 1942년 12월에 영국에서 출간된 베버리지 보고서Beveridge Report에서 표현되었다. 베버리지 보고서는 서구 사회가 직면하고 있는 문제를 결핍, 나태, 질병, 무지, 불결이라는 5대 악과 관련하여 규정지었다.[1] 1945년 이후 점점 더 많은 국가에서 제안되고 채택된 해결책은 훨씬 더 높은 수준의 과세를 통해 보편적인 사회보장, 건강, 교육 및 주택 프로그램에 자금을 지원하는 것이었다.

하지만 보험 원칙이 여전히 이들 복지국가에서 중심을 이루고 있었다. 재분배는 주로 서로 다른 세대 간에, 그리고 삶의 서로 다른 단계에 있는 사람들 간에 이루어졌다. 그러나 전쟁과 혼란의 결과로, 재산세—소득과 부 둘 다에 대한—도 훨씬 더 많이 부과되었다. 따라서 전쟁 후에 서구 경제 전반에서 유산계급은 일반적으로 과거보다, 그리고 그 이후의 어느 때보다도 더 많은 돈을 국가 프로그램에 지불했다.

모든 유럽 경제는 전시의 물적 자본과 인적 자본의 엄청난 파괴를 극복하기 위해 1945년 이후 고통스러운 재건의 시기를 보냈다. 그러나 끔찍한 가난과 고난에 종종 시달렸던 이 시기를 헤쳐나가자, 서구 경제는 많은 사람이 우려했던 것처럼 경기 침체와 느린 성장으로 되돌아가기는커녕 자본주의 역사상 가장 성공적인 성장과 번영의 시기를 개막했다. 비록 유일한 원인은 아니었지만, 확대된 새로운 복지국가가 그 과정에서 자신의 역할을 했다. 국방, 재무장, 그리고 신기술의 확대 또한 중요했다.

경제적 성공은 복지국가가 합당한 시장 질서의 중요한 요소 중 하나로 전례 없이 받아들여졌다는 것을 의미했다. 소련과의 경쟁도 한몫했다. 서방 국가들은 내부 전복 시도를 저지하고 자신들의 정치경제 모델이 우월하다는 것을 보여주기로 결심했다. 관대한 복지국가와 높고 상승하는 생활수준은 서구 모델의 중요한 요소였다. 시간이 지나면서 이 모델은 경쟁 모델을 능가했다.

그러나 이 모델은 그 이상의 일을 했다. 1950년대와 1960년대에 서구 자본주의 경제가 거둔 괄목할 만한 성공으로 인해 많은 사람이 안정되고 번영하는 민주적 자본주의의 비밀이 발견되었다고 생각하기에 이르렀다. 서구 자본주의 경제에서 과거에 깊게 분열된 계급사회를 경험했던 사람들에게는 상상할 수도 없었던 계급 타협과 사회적 평화가 생겨났다. 시모어 마틴 립셋Seymour Martin Lipset은 그 타협의 본질을 이렇게 설명했다.[2] 보수주의자들은 모든 시민을 위한 관대한 복지국가가 있어야 한다는 것을 받아들인 반면, 사회주의자들은 모든 경제력이 국가의 수중에 집중되어서는 안 된다는 것을 받아들였다.

복지국가에 대한 반대가 상대적으로 그리 없었던 이 시기는 오래가지 못했다. 당시는 불평등이 감소하고, 사회이동이 증가하고, 정치 참여 수준이 높고, 고용 수준이 높고, 인플레이션 수준이 낮고, 생산성·산출량·임금이 급속하게 상승하던 시기였다.

민주적 좌파의 많은 사람에게 그 시기는 민주주의와 자본주의가 공존할 수 있고, 만약 사회민주주의가 충분히 강하고 또 방심하지 않는다면 자본주의는 길들여질 수 있고, 자본주의의 에너지는 사회적 결속을 저해하기보다는 결속에 도움을 주는 방식으로 바뀌어갈 수 있음을 보여주는 것 같았다. 높은 세금과 누진세로 지불되는 확대된 복지 프로그램은 그러한 추세의 주요 징후 중 하나였다.

우파 역시 새로운 제도를 하나의 합리적인 타협안으로 받아들였다. 유럽 전역에 등장한 복지 체제 중 다수가 기독교 민주주의 정당에 의해 틀지어졌다. 장기적으로 자유가 부식될 것을 두려워하면서, 그리고 프리드리히 하이에크Friedrich Hayek[3]를 따라 서구 사회가 '노예로의 길road to serfdom'에 들어섰다고 걱정하면서, 타협에 응하지 않은 사람들도 있었다. 그러나 19세기 자본주의는 지속가능하지 않았다는 칼 폴라니Karl Polanyi[4]의 말에 동의하는 사람이 더 많았다.

19세기 자본주의는 안정된 사회의 조건들을 너무나도 크게 파괴했기 때문에 우파와 좌파 모두로부터 강력한 반발을 불러일으켰고, 대다수의 이익을 보호하기 위해 자본주의의 운영 방식에 새로운 규칙과 제한을 가하게 했다. 많은 논평자에게 놀라웠던 것은 훨씬 커진 국가 규모, 크게 확대된 복지 제공, 그리고 조직 노동의 지위 강화가 민간 부문의 확대 및 재활성화와 양립할 수 있다는 것이 입증되었다는 것이다.

이러한 정착을 저해한 것은 우선은 호황이 끝난 것이었고, 그 다음으로는 일단의 새로운 경제 문제들이 출현하여 1970년대에 높은 인플레이션과 낮은 성장, 즉 스태그플레이션이 발생한 것이었다. 그러자 미국은 더 이상 1940년대 이후 존재했던 것과 동일한 조건에서 국제 통화 질서를 유지하려 하지 않고 그 질서를 재구조화하는 작업에 착수했다. 국내 정치 갈등은 심화되었고, 증가하는 인플레이션과 노동조합의 호전성 — 이는 인플레이션의 결과 중 하나였다 — 에 어떻게 대처하는 것이 최선인지를 둘러싸고 의견이 양극화되었다.

이 위기가 미친 영향이 똑같지는 않았지만, 가장 큰 타격을 입은 나라들에서 분쟁의 중심 쟁점 중 하나였던 것이 복지국가였다. 복지국가는 너무 커졌고, 그리하여 돈이 너무 많이 들게 되어버렸는가? 복지국가가 이제는 부의 생산 부문에 너무나도 큰 부담이 되어 성장을 촉진하기보다는 억제하게 되었는가?

그 당시에 두 명의 옥스퍼드 경제학자 로저 베이컨Roger Bacon과 월터 엘티스Walter Eltis가 출간한 영향력 있는 한 텍스트는 복지국가를 포함한 대부분의 공공 부문은 그 자체로 어떠한 부도 생산하지 않으며 대신 민간 부문에 기생한다고 주장했다.[5] 따라서 1970년대에 영국 경제의 문제, 그리고 더 나아가 모든 선진 경제의 문제에 대한 해결책으로 제시된 것이 바로 민간 투자와 사적 이익을 위한 공간을 마련하기 위해 공공 부문의 고용과 산출 모두를 대폭 줄이는 것이었다.

이 주장은 존 메이너드 케인스John Maynard Keynes를 매우 화나게 했던 1920년대와 1930년대의 옛 재무부 견해를 새롭게 진술한 것이었다. 당시 재무부는 공공지출의 어떠한 확대도 항상 민간 지출과 투자를 희생시킬 것이라고 대놓고 주장했다.[6] 민간 지출과 투자가 경제적으로 더 효율적이라고 가정되었기 때문에, 공공지출의 효과는 경제를 피폐하게 만들 것이었다. 이는 현대의 전문용어로는 '구축crowding out'이라고 표현된다. 공공 부문의 지출과 투자가 민간 부문의 지출과 투자를 밀어낸다는 것이다. 따라서 이 논리에 따르면, 저성장과 인플레이션 압박의 시기에는 복지 지출을 포함하여 공공지출을 줄이는 것이 올바른 정책 대응이다.

1970년대에 조세와 지출을 둘러싸고 벌어진 정치 투쟁은 영미 자유주의 정치경제학에서 복지국가에 대한 논쟁의 용어들을 변화시켰는데, 이는 영미식 복지 체제와 유럽 다른 나라들의 복지 체제 간에 주요한 분기가 일어나기 시작했음을 알리는 것이었다. 영미권에서 복지국가는 더 이상 성장과 번영의 조건이 아니라 잠재적인 장벽과 장애물로 인식되었다. 복지 지출은 경제가 튼튼하게 성장할 때에만 감당할 수 있었고, 경제가 침체되면 삭감되어야 했다.

1970년대의 격변 이후 그다음 10년 동안 미국과 영국에서는 일련의 정책 우선순위가 새로 설정되었다. 브레턴우즈 고정환

율 체제Bretton Woods fixed exchange rate regime가 해체된 이후 훨씬
더 개방적이 된 세계 경제에서 각국 경제는 국제금융시장으로
부터 훨씬 덜 보호받았고, 자본통제 종식, 규제 완화, 민영화,
소득과 부에 대한 세금 인하, 그리고 고용권 및 노동조합의 약
화를 통한 유연한 노동시장 창출 등 일련의 신자유주의 개혁이
많은 나라에 도입되었다.

신자유주의적 장치들을 실험하는 데서 가장 멀리까지 나아
간 국가들에서조차 복지국가는 사라지지 않았다. 실제로는 비
록 서로 다른 방식으로, 그리고 서로 다른 정도로 지역 정치 상
황에 의존했지만, 중요한 측면에서 복지국가는 계속 확장되었
다. 일부 국가에서는 복지국가의 일부를 정치적으로 해체하려
는 시도가 있었고, 복지국가를 억제하고 축소하라는 강한 압력
을 받았다. 반면 다른 국가에서는 복지를 줄이려는 압박이 훨씬
덜했고, 어떤 국가는 심지어 복지 제공을 계속 확대했다.

서구 경제 사이에서 복지국가의 규모와 범위에는 항상 차이
가 있었다. 이는 복지국가를 창출하고 유지해 온 서로 다른 정
치 연합을 반영하지만, 그러한 차이는 1980년대와 1990년대에
더욱 현저해졌다. 복지국가 성격의 이러한 분기는 요스타 에스
핑-안데르센Gøsta Esping-Andersen에 의해 '복지 자본주의의 세 가
지 세계three worlds of welfare capitalism'라고 명명되었다.[7] 그는 복

지국가를 스칸디나비아의 관대한 북유럽 사회민주적 복지국가 social democratic welfare state, 독일어권 세계에서 특히 발견되는 위계적인 조합주의적 복지국가corporatist welfare state, 영미권에서 발견되는 자유주의적인 잔여적 복지국가residual welfare state로 구분했다.

에스핑-안데르센은 잔여적 복지국가라고 하더라도 생애주기나 노동시장에서 발생하는 불안정에 대처하기 위한 집단 프로그램들을 제공하고 있다는 점에서, 그리고 이용 시점에서는 여전히 무료로 제공되는 영국의 국가의료제도인 NHSNational Health Service와 같은 중요한 보편적 복지 프로그램들이 존재한다는 점에서 복지국가로 식별 가능하다고 지적했지만, 이 세 모델 간의 차이는 그간 더 커졌다.

세 모델은 모두 시장, 가정, 국가의 조합을 통해 복지를 제공했지만, 상대적으로 강조하는 지점에서는 차이를 보였다. 자유주의 복지국가는 시장에 더 많이 의존하고, 보수적인 복지국가는 가정-특히 전통적인 형태의 가족-에 더 많이 의존하며, 그리고 사회민주적 복지국가는 국가에 더 많이 의존했다.

특히 에스핑-안데르센의 저작은 복지국가에 대해 새로운 명료한 정의를 내렸다는 점에서도 중요했다. 그는 복지국가를 정부가 복지에 얼마나 많은 돈을 썼는지에 의해 정의하는 모델들을 비판하고, 복지국가 체제는 국가, 시장, 가정의 상호작용을 통해 만들어지는 하나의 일관된 전체로 파악될 필요가 있다고 주장했다. 그리고 그는 복지국가는 특정한 계급 이해관계들의 연합을 반영하며 그러한 계급 연합이 서로 다른 규칙, 제도, 정책, 결과를 낳는다고 주장했다. 에스핑-안데르센이 볼 때, 복지국가 프로그램과 복지국가 체제를 구별하는 가장 중요한 기준은 복지국가가 개인들을 시장 의존성으로부터 탈출하게 할 수 있는가, 아니면 그러한 의존성을 확인하는가 하는 것이었다.

복지국가가 그간 표명해 온 약속은 모든 시민은 자신이 시장에서 이룬 성과에 근거해서가 아니라 시민권에 근거하여 부여되는 불가침의 사회적 권리를 갖는다는 것이다. 이는 시민들이 자신들이 받는 시장 임금으로 자신과 부양가족의 모든 욕구를 충족시킬 것을 더 이상 강요받지 않으며, 실업, 질병, 부상, 노년의 모든 불확실성에 개인적으로 대처할 것도 더 이상 강요받지 않는다는 것을 의미한다. 대신에 인간의 기본 욕구인 안전에 대한 욕구는 시장 외부에서 집단적으로 제공되는 서비스와 지원에 의해 충족된다.

노동의 '탈상품화'decommodification' of labour는 위험을 집단적으로 공유하고 노동자의 사회적 권리를 인정함으로써 노동자가 시장 규율로부터 해방된다는 것을 의미한다. 특히 에스핑-

안데르센은 노동의 탈상품화 추세를 복지국가의 근본 논리로, 그리고 복지국가를 시장 예속적인 것이 아니라 시장 보완적인 것으로 만드는 것으로 파악한다.

신자유주의 시대에는 복지국가 체제가 이전보다 더 날카롭게 분기되었다. 하지만 '복지주의'에 대한 반발이 가장 강한 나라인 미국과 영국에서조차 복지 삭감에 대한 정치적 저항은 여전히 강력했다. 미국의 레이건Reagan 행정부와 영국의 대처Thatcher 정부와 같은 급진 우파 정부들은 "국가를 줄이는" 데서 자신들의 레토릭이 시사했던 것에 훨씬 미치지 못했다.[8]

선거 정치도 제약 중 하나였다. 많은 보편적 복지 프로그램이 인기를 끌었고, 각국 정부들도 그러한 프로그램들을 건드리기를 꺼렸다. 또한 기존의 복지 제공 수준을 옹호하는 강력한 기득권 세력도 존재했는데, 특히 공공 계약을 통해 주요 복지 프로그램에 서비스와 장비를 공급하는 수많은 민간 기업들이 그러했다. 긴축의 정치적 한계는 그간 분명하게 입증되었다.

신자유주의는 단일한 교의가 아니었다. 신자유주의에는 시장 자유를 강조하는 자유방임주의적 조류, 인적 자본 투자를 강조하는 사회투자적 조류, 규칙에 기반한 정책 수립과 재정 균형을 강조하는 질서자유주의적ordo-liberal 조류를 포함하여 몇 가지 중요한 조류가 있었다. 모든 정부는 신자유주의적인 국제적

복지국가는 살아남을 수 있는가

틀 안에서 운영되었다. 그 틀은 1970년대와 1980년대에 국제 시장 질서를 지배하던 규칙들을 고쳐 만든 것이었다. 그러나 신자유주의적 틀 안에서 서로 다른 많은 정책이 실행될 수 있었다. 그리고 그 틀 안에는 어떤 정책 일률성이나 정책 수렴 압력도 분명 존재하지 않았다.

일부 정부는 경제적 효율성과 사회적 정의를 결합한, 사회투자라는 제3의 길 정책을 실험했다.[9] 그러한 정부들은 1980년대에 실행된 신자유주의 개혁 중 많은 것을 받아들였지만, 국민소득 중 복지에 집합적으로 지출되는 비율을 여전히 크게 증가시킬 수 있었다. 제3의 길을 비판하는 사람들은 그것이 비시장 영역을 계속해서 부식시켰고 복지국가를 다시 한번 시장과 시장 기준에 의존하게 만들었다고 주장했다. 그러나 제3의 길은 영미 자유주의 시장 경제 내에서조차 복지국가에 높은 우선순위를 부여하고 지출과 고용 측면에서 복지국가를 다시 확대하는 방법을 찾는 것이 충분히 가능하다는 것 또한 증명했다.

1970년대는 복지국가에게는 위기의 시대였다. 그 시기에 처음으로 복지국가 발전의 모멘텀이 떨어졌고, 복지국가가 막을 연 이후 처음으로 복지국가의 지속적인 확장이 여전히 바람직한지에 대한 의문이 심각하게 제기되었다. 급진 우파와 시장 자유지상주의자들은 복지국가가 왜 그토록 결함이 있는지에 대해 수많은 분석을 내놓았다. 정치적 스펙트럼의 반대편 끝에서도 마르크스주의 좌파 진영에 있는 많은 사람이 국가를 통해 발전된 복지에 대해 강력하게 비판하고 나섰다.

그러나 클라우스 오페Claus Offe가 주장했듯이, 자본주의의 문제는 자본주의가 더 이상 복지국가와 함께 살 수 없다는 것이 아니라 자본주의 또한 복지국가 없이는 더 이상 살 수 없다는 것이었다.[10] 이 문제는 현재까지도 논란의 대상이 되고 있다. 전후 복지국가를 해체하려는 보다 야심찬 시도 중 많은 것이 신자유주의 시대에 단지 제한적인 성공만 거두었고, 복지국가의 지속력, 그리고 심지어는 복지국가의 '불가역성'까지도 경험적 연구에 의해 확증된 것으로 보였다.

복지국가는 모든 서구 경제의 정치와 정치경제 모두에 뿌리를 내려왔다. 서로 다른 많은 복지국가 체제가 있었고, 연구자들은 에스핑-안데르센이 확인한 세 가지 핵심 군집에 몇 가지를 더 추가했지만, 분명 그 복지체제들 모두는 19세기 자유방임주의 자본주의를 지금처럼 변화시켜 온, 그리고 20세기의 조직화된 자본주의organized capitalism의 토대를 마련해 온 과정의 일부였다. 이제 복지 자본주의는 모든 선진 자본주의 경제의 규범이 되었다. 국가의 범위와 규모는 자본주의 질서를 유지하고 재생산하는 것을 돕기 위해 변화해 왔다.

1990년대와 2000년대 초에 기존의 복지국가를 축소하기보다는 개혁하고자 하는 움직임이 일어나서 복지국가를 새로운 사회적 위험과 고용 패턴 및 가구 구성의 변화에 맞게 개편하려했던 것은 이러한 결론을 확증해 주는 것처럼 보였다. 사회투자 복지국가social investment welfare state는 북유럽 국가들의 사회민주적 복지 체제에서 가장 뚜렷하게 나타났지만, 독일의 신중도Neue Mitte와 영국의 제3의 길에도 강력한 영향을 미쳤다. 그 당시에는 복지국가가 수동적이기보다는 능동적일 필요가 있다는 점, 그리고 복지국가는 여전히 그 비용을 감당할 수 있고 또 시민들이 요구하는 종류와 질의 서비스를 계속해서 제공할 수 있다는 것을 보증하기 위해 지속적으로 개혁되어야 한다는 점이 강조되었다.

하지만 21세기에 복지국가의 미래는 다시 한번 의문시되었다. 신자유주의 질서는 이전에 케인스식 질서가 그랬던 것처럼 자신의 병리들을 발생시켰고, 그러한 병리들이 결합하여 결국 2008년 금융 붕괴를 낳았다. 그 위기는 금융체계가 붕괴되는 것은 가까스로 피했지만, 2009년에 심각한 경기 침체라는 비용을 치렀다.

이 침체는 1945년 이후 가장 느리게 회복되었다. 2015년까지도 일부 국가는 금융 붕괴 이전 수준의 산출량을 회복하지 못했고, 금리는 바닥에 머물렀으며, 중앙은행들은 은행의 대차대조표를 개선하고 자산 가격을 높게 유지하기 위해 양적 완화 조치를 대대적으로 실행했고, 성장과 생산성은 대부분의 경제에서 여전히 낮았으며, 전망은 불확실했다.[11]

이러한 상황에서 분배와 성장을 둘러싼 새로운 정치적 갈등이 각국 정치경제 내에서뿐만 아니라 이를테면 유로존의 경우에서처럼 각국 정치경제 간에도 전개되었다. 특히 유럽에서는 재정 건전화fiscal consolidation를 재정 위기와 경기 침체에 대한 올바른 정책 대응이라고 주장하는 긴축 정치가 자리를 잡으면서, 재정 적자를 해소하고 급증하는 국가 부채를 줄이기 위해 공적 지출(특히 복지 지출)을 삭감하고 나섰다.[12]

아직도 끝이 보이지 않는 이 위기는 복지국가에 다시 한번 커다란 과제를 제기해 왔다. 만약 신자유주의적 성장 모델이 회복될 수 없다면, 서구 경제는 장기간의 스태그네이션—즉, 느린 성장, 대다수의 생활수준 정체, 불평등 심화, 그리고 지속적인 디플레이션 압력—에 시달리게 될 것이다. 그러한 상황은 복지국가의 생존에 대한 극단적인 시험이 될 것이다. 그리고 기존의 복지국가를 근본적으로 수술해야 한다는 요구는 이미 되살아나서, 지난 세기 동안 구축된 집단적 복지 제공 구조의 많은 것을 해체하고 있다.

급진 우파 사상은 미국 공화당에 넓게 침투해 들어왔다. 2016년 공화당 대통령 후보 지명에 도전한 사람 중 하나였던 랜드 폴Rand Paul과 2012년 공화당 부통령 지명자였던 폴 라이언Paul Ryan은 연방 정부의 예산 규모를 19세기 수준으로 되돌려 놓겠다는 야심 찬 계획을 내놓았다. 현재의 위기는 1970년대에 처음 제기되었던 복지국가 비판 중 많은 것을 되살려냈다.

신흥 강국들, 즉 중국, 인도, 브라질의 뛰어난 실적에 의해 얼마간 뒷받침된 1990년대와 2000년대 초의 국제 경제 호황 추세는 그러한 비판의 칼날을 무디게 했다. 그러나 금융 붕괴로 인해 그러한 비판들이 부활했다. 복지국가가 살아남아야 하는지, 그리고 살아남을 것인지, 그리고 복지국가는 살아남아야 하는 도덕적 정당성이나 실질적인 능력을 보유하고 있는지의 문제가 다시 한번 아주 긴급하게 제기되고 있다.

제2장
___

복지 사상들의 전쟁

복지국가의 창조, 유지, 미래는 단지 협소하게 생각되는 정치경제학만의 문제가 아니었다. 그것은 또한 항상 도덕경제학의 문제 — 경제와 사회는 어떻게 질서지어져야 하는가? — 이기도 했다. 도덕경제학은 공정성, 의무, 권리, 기대의 관념과 자격, 평등, 자유의 관념을 도입한다. 복지국가 문제에 있어서 핵심 쟁점은 국가를 통해 복지를 제공하고자 하는 것이 바람직한 일인가 아니면 바람직하지 않은 일인가 하는 것이다. 이 쟁점은 현대 정치경제학의 역사 내내 토론되어 왔다.

도덕적 쟁점은 항상 복지국가의 발전과 떼려야 뗄 수 없게 연계되어 있었다. 만약 특정한 일단의 제도들이 공정한 것으로 인식된다면, 그 제도들의 정당성은 높을 것이고, 그 제도들을 위

한 정치적 지지 또한 쉽게 동원될 수 있을 것이다. 이것이 복지
국가에 대한 논쟁이 자주 명백하게 도덕적인 형태를 띠는 이유
이다.

경제 및 금융 위기의 시기에는 종전의 오명과 도덕적 분할선
이 빠르게 되살아난다. 2008년 이래로 지원받을 자격이 있는
빈민과 지원받을 자격이 없는 빈민들에 대한 전통적인 담론이
복귀했는데, 특히 이번에는 정치인들이 노력하는 사람striver과
게으름뱅이shirker, 또는 만드는 사람maker과 가져가는 사람taker
을 구별한다. 복지급여 사기꾼benefit cheat과 복지급여 관광객
benefit tourist은 의무를 다하려고 노력하는 가족들과 대조된다.
후자는 자신들의 복지급여를 받을 자격이 있지만, 전자는 그렇
지 않다.

복지 및 복지국가의 바람직성과 관련한 중요한 도덕적 입장
은 크게 세 가지로 나누어 볼 수 있다. 사회주의적 입장, 보수주
의적 입장, 시장 자유지상주의적 입장이 그것이다. 각 입장을
갈라놓는 첫 번째 질문은 복지가 집합적으로 제공되어야 하는
가, 그리고 만약 그래야 한다면 국가에 의해 제공되어야 하는가
하는 것이다. 두 번째 질문은 국가가 얼마나 관여해야 하는가—
다시 말해 복지국가의 범위와 규모는 어느 정도여야 하는가—하는 것
이다. 이러한 질문들에 주어진 답들은 추상적이지 않다. 다시

말해 실제 세계와 긴밀히 연계되어 있다.

복지에 대한 담론은 결과에 강력한 영향을 미친다. 복지 담론은 복지국가가 현재 직면한 도전에서 살아남을 수 있는지와 큰 관련이 있다. 시민들에게 복지국가가 존재해야 한다거나 존재해서는 안 된다는 것을 설득하는 능력은 복지국가가 살아남을지를 결정하는 데서 결정적인 요소이다. 사상이 중요하다. 그리고 복지국가를 정의하는 데서 서로 다투고 있는 사상들은 복지국가를 이해하는 데 아주 중요한 요소이다.

사회주의적 입장

집단 복지와 복지국가 모두에 대한 사회주의적 입장은 20세기를 지배한 사상 중 하나가 되었다. 사회주의자들은 상호의존에 기초한 연대의 필요성을 강조하며, 우리에게는 사회적으로 합의된 공정성과 필요성의 기준에 따라 공동체에서 자원을 공유할 도덕적 의무가 있다고 주장한다. 개인은 단독으로 존재할 수 없다. 개인은 자신의 존재와 생존을 공동체에 의존한다. 사회주의자들에 따르면, 개인들은 그러한 공동체의 성원으로서 자신보다 가난한 사람들을 돕기 위해 자원을 기부할 의무가 있다.

사회주의자들은 항상 공동체를 개인보다 우위에 두어왔다. 개인은 권리와 자격을 가지고 있지만, 공동체의 성원으로서만 그러하다. 자원의 재분배가 꼭 국가를 통해 이루어질 필요는 없다. 앞서 지적했듯이, 사회주의자들은 한때 국가에 대해 극도의 의구심을 가졌다. 왜냐하면 그들은 국가를 더 넓은 공동체의 이익에 기여하는 것이 아니라 유산계급의 이익에 기여하는 유산계급의 도구라고 보았기 때문이다.

이스라엘의 키부츠kibbutz는 국가 관료제에 의존하지 않고서 자원을 재분배하고 모든 성원에게 복지를 제공하는 사회주의 공동체의 한 사례이다. 키부츠에서는 공동체에 봉사하고 공동체의 집단적 의사결정에 참여해야 할 도덕적 의무가 개인의 자아실현에 우선한다.

국가에 의존하지 않기와 관련한 사회주의적 실험이 안고 있는 문제는 그 실험이 지역적이고 소규모인 경향이 있다는 것이다. 현대 도시화된 산업사회가 복지를 다루어야 하는 과제에 직면하자, 비록 협동조합운동과 같은 예외도 있었지만, 비국가 조직에 의한 조정은 비현실적인 것으로 판명되었다. 그러나 20세기에 거의 모든 곳에서 복지에 대한 사회주의적 입장은 특정 형태의 복지국가에 관한 하나의 입장이 되었다. 자주관리의 형태들은 너무 부분적이고 지역적이었다. 그러한 형태들은 근대 국가가 제공할 수 있는 보편성과 포괄성에 필적할 수 없었다.

국가를 이용하는 것의 실질적인 이점이 명백해지자, 사회주의자들은 민주주의가 국가를 변화시켜 왔고 자신들이 국가를 자신들의 목표를 달성하기 위해 사용할 수 있는 무엇인가로 만들었다고 스스로를 설득했다. 비록 일부 사회주의자들은 여전히 국가와 타협하지 않았지만, 좌파의 다수파 운동 세력인 사회민주당원들은 모두 국가와 화해했고, 이윽고 국가를 필수적인 것으로 인식하게 되었다.

그리하여 사회주의자들은 국가의 비판자이기는커녕 국가의 옹호자가 되었다. 이러한 변화가 일어난 주된 이유 중 하나가 바로 복지국가의 발전이었다. 사회주의자들은 보수주의자와 자유주의자들에 의해 수립된 제한된 복지국가에 기반하여 광범위한 보편적 복지 프로그램을 도입할 수 있다는 것을 깨달았다. 다시 말해 그들은 양차 세계대전 동안에 강화된 국가 능력과 세금 인상 권한을 이용함으로써 세대 간 및 계급 간에 실질적 재분배를 이룩하고 빈곤을 해소하고 시민에게 투자하고 시장 저편에 공적 영역을 창출하는 등 복지를 진척시킬 수 있음을 알게 되었다.

국가를 이런 식으로 이용하려는 입장은 실용적일 뿐만 아니라 도덕적이기도 했다. 현대 사회를 모든 사람이 기여하고 모든 사람이 혜택을 받는, 그리고 극단적 빈곤을 극복하는 진정한 공동체로 만들고자 하는 것은, 모든 사람이 똑같이 대우받는다는 것을 분명하게 확인시켜 주려는 것이었다. 복잡한 현대 사회에서 그것은 많은 유럽 국가에서 발전된 유형의 중앙 관료제를 통해서만 이루어질 수 있었다.

심지어는 자유주의적인 빅토리아 시대의 영국조차도 우체국 같은 새로운 제도를 발전시켰다. 우체국은 19세기 중반에 확립된 규칙 아래에서 거리나 외진 곳에 대해 추가 요금을 부과하지 않고 균일한 요금으로 영국 내 어디든지 편지를 배달하기 시작했다. 모든 시민은 똑같은 대우를 받았다. 이것이 복지국가의 열망이 되었다. 시민들은 어디에 살든지 다른 모든 사람과 동일한 서비스를 받을 자격이 있었다. 지역에 따라 서비스의 질이 달라지는 일은 없어야 한다.

한때 사회주의자들이 불신하고 반대했던 고도로 중앙집권화된 국가는 동등한 대우를 보장하고 한 국가의 시민임을 공고히하는 최고의 도구로 받아들여졌다. 근대 국가의 이러한 보편주의는, 독일인과 프랑스인들이 이미 발견했듯이, 국가에 엄청난 잠재적 권한과 정당성을 부여했다. 국가는 전체 국가 공동체를 위해 행동할 수 있었고, 그 공동체의 화신이 될 수 있었다.

복지를 집합적으로 제공하는 것에 대한 이러한 도덕적 입장은 대다수 시민이 질병, 실업, 또는 무능력과 같은 자신들의 통제권 밖에 있는 불행과 위험에 취약하다는 점을 강조한다. 이러한 입장은 연대 관념에 호소한다. 즉, 가장 능력 있고 운 좋은 사람들은 어려움에 처해 있거나 불행을 겪고 있는 사람들을 도울 의무가 있다는 것이다. 모든 사람은 자원과 위험을 공유함으로써 자신들이 가장 필요로 하는 삶의 시점에서 도움을 받을 수 있다.

국가는 공동의 운명과 공동의 곤경을 인식하는 시민들의 결사체이다. 그리고 시민들은 자신들의 결사체의 조직화된 권력, 즉 국가로 하여금 자신들을 대신하여 성원들로부터 자원을 모집하고 그 자원을 가장 긴급하게 필요로 하는 사람들에게 재분배하는 등 집합적으로 행위하게 한다. 사람들의 환경과 물려받은 자질은 매우 다양하며, 정책과 제도는 그 환경과 자질을 적절하게 고려하도록 개발될 필요가 있다.[1]

사회주의적 견해에서 복지국가의 도덕적 기반은 평등과 연대이다. 그러나 여기서 평등은 결과의 평등을 의미하지 않는다. 평등은 모든 사람이 동일한 자격과 기회를 가짐으로써 똑같이 대우받는 것을 의미한다. 일부 시민은 다른 사람들보다 더 많이 벌 수 있을 뿐만 아니라 이득이 균등하게 분배되지도 않기 때문에, 그 결과는 불평등할 것이다.

필요한 것이 가장 많은 사람이 복지국가로부터 가장 많이 받을 것이다. 아이가 없거나 전혀 병에 걸리지 않았거나 안정적인 직업을 가진 사람들은 다른 많은 사람만큼 복지국가의 혜택을 많이 받지 못한다. 그러나 보 로스스타인Bo Rothstein이 지적했듯이, 그들은 모든 개인이 기본적인 안정과 완전한 삶을 살 수 있는 기회를 누리는 사회에서 사는 것에서 이익을 얻는다. 이런 식으로, 모든 사람은 복지국가에서 이익을 얻는다.[2]

이 관점에서 보면, 국방과 마찬가지로 복지는 시장이 제공하지 않거나 그리 효율적으로 또는 충분하게 제공하지 않을 것이기 때문에 국가가 제공해야 하는 공공재이다. 개인의 선호와 상관없이 국가가 세금을 사용하여 소득을 재분배하는 것은 정당화되는데, 그 이유는 소득 재분배의 목표가 모든 사람이 혜택을 받는 하나의 화합된 사회를 만드는 것이기 때문이다.

깨끗한 공기나 안전한 식수는 개인들의 선호에 의거한 상호작용을 통해서는 산출되지 않을 수 있다. 그것을 우선순위로 삼지 않는 사람들이 항상 있을 것이기 때문이다. 그러나 일단 공기가 깨끗해지거나 식수가 안전해지면, 모든 사람이 이익을 본다. 그리고 깨끗한 공기나 안전한 식수를 포기하기로 결정하는 사람은 거의 없을 것이다. 이것은 결과론적인 주장이다. 많은 복지 정책도 이와 유사하다. 복지국가가 발전한 사회, 불평등과 빈곤 수준이 낮은 사회는 신뢰, 만족, 사회적 평화를 증진시킬 가능성이 크다. 이 모든 공공재를 일단 경험하고 나면, 사회는 그것들을 포기하려 하지 않을 것이다.

그러나 이 입장은 제1 원칙의 측면에서 진술될 수도 있다. 모든 개인이 인간의 존엄성과 번영에 필요한 기본 수단들을 제공받는 형태의 사회는 사회정의라는 보편적 원칙에 부합하는 사회이다. 그러한 사회는 결과의 평등이 존재하거나 그러한 평등을 창출하고자 시도하는 사회가 아니라, 계급 간에 그리고 세대 간에 실질적인 재분배가 이루어지는 사회이다.

사회주의적 입장은 최근 몇 년간 페미니즘적 관점과 녹색 관점이 합류하면서 상당히 확대되었다. 이 두 관점은 전통적인 사회주의 담론의 일부 가정에 의문을 던지면서, 지속가능성이라는 중요한 쟁점을 제기해 왔다. 복지에 대한 이전의 사회주의적 관념과 노동조합의 관념은 여전히 복지국가의 토대로서 남성 생계부양자와 가부장제적인 가정을 강조했다. 이러한 태도는 복지에 대한 보수주의적 관점과 많은 점을 공유하고 있었다.

지난 40년 동안 사회주의적 사고에서 일어난 커다란 변화 중 하나는 실업, 육아, 사회적 돌봄, 노년과 같은 문제들을 다루기 위해 무급 가사 노동에 의존할 경우 복지국가는 대단히 불완전하다는 점을 인식하게 된 것이었다. 복지국가의 황금기에도 많은 복지가 여전히 남성과 여성 간의 전통적 분업에 의존하여 가정을 통해 제공되었다.

페미니즘 정치경제학의 핵심적 통찰은 그것이 재생산 경제에 우선권을 부여한다는 점이다.[3] 지속가능한 사회에 대한 페미니즘 사상에서는 가구 구성원 모두의 광범위한 복리를 보장하는 것, 단지 노동력이 아닌 사람을 재생산하는 것, 그리고 개인들을 시장이나 가족에 대한 의존으로부터 해방시키는 서비스에 투자하는 것이 중심을 차지하고 있다.

녹색주의자들 또한 복리와 지속가능성의 개념이 자연환경을 포함하도록 확장될 필요가 있다고 주장한다. 그들에 따르면, 시장이 가정 내 개인의 복리에 미치는 영향에 대항할 뿐만 아니라 인간의 삶이 의존하는 생태계에 미치는 피해에도 대항할 수 있는 공적 영역이 구축되어야 한다.

모든 정치경제에서 국가, 시장, 가정, 생물권 간의 복잡한 상호작용을 이해해야 할 필요성은 최근에 이르러서야 완전히 이해되었다. 그러한 상호작용은 복지국가 관념의 폭을 넓히고 복지국가의 권한을 확대하지만, 이는 다시 복지국가가 자신의 약속을 이행하는 데서 더 많은 과제에 직면하게 하고, 복지국가의 축소가 아닌 확장을 어떻게 지지받을 수 있는지와 관련한 딜레마를 심화시킨다.

보수주의적 입장

복지국가에 대한 보수주의적 입장은 개인에 비해 공동체, 특히 국가 공동체에 우선권을 부여하는 입장이기도 하다. 사회주의자들과 마찬가지로, 보수주의자들도 집단 복지와 재분배의 형태에 관심을 집중한다. 국가의 복지 제공을 제도화하는 조치를 처음으로 취한 것은 보수적인 정치인들이었다. 하지만 일단 민주주의가 확장되고 사회주의자들과 다른 급진 운동 세력들이 국가 복지의 옹호자가 되자, 보수주의자들은 국가 복지를 훨씬 더 조건부로 지지하게 되었다. 보수주의자들은 항상 가족과 가정을 복지를 제공하는 주요 장소로 강조했고, 국가의 역할은 가족들이 그러한 역할을 할 수 있도록 지원하는 것으로 보았다.

복지에 대한 보수주의적 태도는 온정주의에 뿌리를 두고 있다. 보수주의자들은 극단적인 빈곤을 완화하기를 바라고, 가족이 다음 세대를 양육하고 핵심적인 사회적 가치를 보존하기에 충분할 정도의 자율성을 가지기를 바란다. 그런데 가족 가운데에는 지원을 받을 자격을 지닌 가족만 있는 것이 아니라 지원받을 자격이 없는 가족도 있다. 따라서 보수주의자들은 지원받을 자격이 없는 가족의 행동을 자신들이 중시하는 모델에 부합하게 바꾸는 방법을 찾는 데서 어려움을 겪는다.

이 보수주의 모델은 전통적으로 아버지가 주요 생계부양자이고 어머니가 자녀와 나이 든 친척 모두의 주요 돌보미 역할을 하는 양부모 가정에 기초한다. 보수주의자들은 이 양부모 가정을 도덕적으로 우월한 삶의 형태로 간주한다. 보다 최근에는 많은 보수 정당이 사회적으로 보다 자유주의적으로 변했지만, 미국의 일부를 포함하여 몇몇 국가에서는 여전히 전통적인 가치가 강력한 힘을 발휘하고 있다.

보수주의가 지닌 생득적 성향은 사회질서가 강하고 안정된 가족에 달려 있다고 보는 것이다. 보수주의자들은 만약 복지국가가 아이를 양육하는 다른 모델을 장려한다거나 사람들이 결혼하는 것을 방해함으로써 가족을 훼손할 경우 해로운 사회적 결과가 초래될 것이라고 생각한다.

친숙한 보수주의적 서사 가운데 하나가 관대함, 이혼, 십대 임신, 복지 의존성 등으로 인해 가족이 약해지는 무너진 사회 broken society 서사이다. 복지국가와 관련하여 가장 중요한 보수적인 담론 중 하나는 공동체와 가족의 중요성을 강조하는 종교적 교의에 분명하게 기반을 두고 있는 기독교 민주주의의 담론

이다.[4]

보수주의자들은 자주 특히 제국주의, 민족주의, 전쟁에 헌신하여 20세기의 확대 국가를 건설한 사람들이었다. 그들은 라이벌 강대국들의 도전에 대처하기 위해 국방력 강화를 주창했다. 그리고 이러한 상황은 보수주의자들로 하여금 빈곤과 고통을 완화하기 위한 국가 지출뿐만 아니라 모든 시민의 건강과 교육을 증진하기 위한 국가 지출에도 찬성하게 만들었다.

인력의 양과 질 둘 다 중요하다는 것은 보수적인 사고에서 주요한 테마 중 하나가 되었다. 그러나 이들 보수주의자 중 일부는 자유방임주의적 개인주의를 강하게 비판하면서도, 국가가 권력을 지나치게 행사하는 것 역시 원치 않았다. 특히 그들은 사회주의자들의 재분배 의제가 재산의 이익을 침해하기 시작할 경우 격렬하게 저항했다.

일부 보수주의자들은 부자와 빈자 간의 격차를 우려했고 공통의 국가 시민권을 창출하기 위한 정책과 제도를 제창했지만, 기존의 권력과 부의 위계질서를 전복하는 것에는 찬성하지 않았다. 그리하여 그들은 사회주의자들이 원하는 대로 보편주의가 복지국가의 핵심 원칙으로 자리 잡는 것에 반대하게 되었다.

대신 보수주의자들은 자산조사를 통해 자격을 제한하는 선별적 방식에 의해 가장 잘 제공되는 서비스가 많이 있다고 강조했다. 무한한 기대와 자격의 폭발 가능성이 보수주의자들의 뇌리를 사로잡았고, 그리하여 그들은 복지국가를 축소해서 더 관리 가능하고 감당할 수 있게 만들자고 주장하고 나서게 되었다.

이것이 바로 신자유주의 시대에 일부 보수주의자들이 시장 자유지상주의자 및 다른 신자유주의자들과 제휴하여 고도 집산주의 시대—복지국가가 미래의 물결일 것처럼 보였던 시대—의 혜택을 일부 줄이고자 했던 이유이다. 그러나 보수주의자들 역시 특정 형태의 복지국가, 특히 보편적인 건강과 교육 프로그램뿐만 아니라 강하고 안정적인 가족과 빈곤 구제에도 전념하는 형태의 복지국가에 대해서는 여전히 헌신한다.

하지만 그들의 열정은 제한적이다. 2008년 이후 긴축 프로그램을 실행하면서, 보수 정부는 지난 10년 동안 쌓아온 수급 자격과 복지 지출 수준을 유지하기보다 재정 안정과 재정 건전화를 우선적으로 고려하는 데 앞장서왔다. 보수주의자들은 또한 국가를 통해서가 아니라 자발적 단체들을 통해 복지를 전달하는 것에 더 높은 우선권을 부여한다.

보수주의자들은 복지 접근의 불균등성에 대해 사회주의자들보다 훨씬 덜 관심을 가진다. 왜냐하면 그들은 편차를 불가피한 것으로 볼 뿐만 아니라 사람들을 똑같이 대우하려는 시도를 일률성을 강요하는 것이자 불필요하고 해로울 정도로 중앙집권

복지국가는 살아남을 수 있는가

화를 요구하는 것으로 보기 때문이다.

사회주의자들과 보수주의자들은 복지국가와 관련하여 서로 다른 점을 높이 평가하지만, 둘 다 복지의 많은 부분이 여전히 세금으로 자금을 조달하고 국가를 통해 전달된다는 점, 그러므로 적어도 생애주기의 서로 다른 단계에 있는 집단들 간의 재분배를 수반한다는 점에 초점을 맞춘다.

하지만 기본 단위가 가족이든 국가이든 공동체이든 간에, 복지가 집단적 형태로 제공되어야 한다는 도덕적 입장은 여전히 강력하다. 자원을 재분배하여 시민의 기본 욕구를 충족시키는 방향으로 국가를 조직화하는 일은 여전히 공동의 도덕적 약속으로 남아 있다.

시장 자유지상주의적 입장

그러나 시장 자유지상주의자들의 입장은 매우 다르다. 그들의 도덕적 입장은 특정 형태의 집단이 개인보다 더 높은 권리를 가진다는 관념을 거부한다. 사회주의자들과 일부 보수주의자들에게 이 입장은 자주 개인의 행동에 대한 모든 제약을 제거하고 이기주의를 옹호하는 것으로, 그리고 개인 이익의 극대화가 다른 사람들에게 미치는 영향을 도외시한 채 개인 이익의 극대화를 옹호하는 것으로 인식되어 왔다. 일부 극단적인 형태의 시장 자유지상주의가 이러한 입장을 취하지만, 시장 자유지상주의적 입장조차도 사회주의자들과 보수주의자들의 입장과 마찬가지로 도덕적이다.

1970년대 이후 복지국가가 살아남아서는 안 된다고 가장 집요하게 주장해 온 것은 시장 자유지상주의자들이었고, 그중 일부는 또한 복지국가의 많은 내부 모순이 복지국가를 소멸로 이끌 것이라고 믿는다. 그러나 여기서 우리가 주로 관심을 두는 것은 시장 자유지상주의자들의 도덕적 주장이다. 시장 자유지상주의적 주장은 로버트 노직Robert Nozick이 서로 합의한 성인들 사이에서 이루어지는 자본주의capitalism between consenting adults를 요구했을 때 가장 웅변적으로 표현되었다.

시장 자유지상주의자들에게 자유로운 개인들 간의 자발적인 교환은 자유 사회의 기반이다. 그러한 교환에 국가가 개입하는 것은 강압적이고 해로우며, 가능한 한 전적으로 금지되거나 제한되어야 한다. 노직은 시민들에게 법과 질서를 제공하는 최소국가minimal state는 인정했지만, 그것을 넘어선 것은 어떤 것도 부당하다고 여겼다. [5]

복지와 관련지어 말하면, 노직은 어떠한 복지 지출이나 재분배적 과세도 자유에 대한 침해로 간주했다. 개인들이 자신의 복지를 증진시키기 위해 다른 시민들이 자발적으로 돈을 내기를 바랄 수는 있지만(이는 그들에게는 중요한 문제이다), 어느 누구도 세금을 통해 복지를 증진시키도록 강요받아서는 안 된다.

많은 시장 자유지상주의자들은 국가의 역할은 사람들이 서로를 죽이고 서로의 재산을 훔치는 것을 막는 기본적인 법과 질서를 제공하는 데 있다는 주장조차 거부했다. 그들에게서 국가를 통해 복지를 제공해야 한다는 주장은 전혀 찾아볼 수 없다. 그들이 보기에, 개인들이 굶주리는지 그렇지 않은지는 국가가 관여할 일이 전혀 아니었다.

이러한 견해는 자유에 최대한의 도덕적 중요성을 부여하고, 개인의 자유를 제한하는 것을 본질적으로 해로운 것으로 간주한다. 거기서 작동하는 평등주의egalitarianism에 따르면, 모든 인간은 평등하게 대우받아야 하지만, 그들을 평등하게 만드는 가장 중요한 사실은 자유를 얻을 그들의 능력이다. 이것은 토머스 홉스Thomas Hobbes가 묘사한 자연 상태에서의 조악한 평등이다. 기회의 평등과 결과의 평등은 국가의 재분배 프로젝트로 인해 발생하며, 따라서 자유 사회에서는 설 자리가 없다.

이러한 견해에 입각하면, 국가가 철강을 제공하지 않는 것과 마찬가지로, 국가는 복지 ― 그것이 보건이든, 교육이든, 연금이든,

또는 사회보장이든 간에―를 제공할 필요가 없다. 과거 사회에서 복지국가를 정당화한 것이 무엇이었든 간에, 독자적인 개인들 간의 자발적 교환에 기초하여 적절하게 구성되고 작동하는 자유 시장 경제에서는 복지국가가 더 이상 필요하지 않다. 복지국가는 실제로 분명히 해롭고, 번영과 성장에 주요한 걸림돌이다. 왜냐하면 복지국가는 낭비적이고 비효율적인 기구가 되었으며, 복지에 자금을 대기 위해서는 높은 수준의 세금이 요구되기 때문이다.

시장 자유지상주의자들에 따르면, 복지국가는 서구 사회에서 계획경제의 마지막 요새이며, 계획경제의 온갖 약점을 보여준다. 자원이 잘못 할당되고 있으며, 적절한 시장 규율이나 예산 제약도 없다. 복지국가는 경제의 나머지 부문에 빌붙어 사는 거대한 기생충이 되었고, 민간 부문의 활력을 빨아먹을 우려가 있다. 따라서 추가 자원에 대한 복지국가의 욕구는 전혀 만족할 줄 모른다.

시장 자유지상주의자들이 보기에, 복지 프로그램의 자금이 개인의 국민보험 기여금에 의해 조달될 것이라는 원래의 생각은 자취를 감추었고, 복지 프로그램은 현재 일반 세금에서 조달된다. 비용, 수요, 자격, 이 모든 것이 증가함에 따라 복지국가에 자금을 댈 추가 자원의 필요성도 증가한다. 공공재정을 위협하는 이 소용돌이는 끝이 없다. 복지 프로그램들은 또한 수당 청구인 및 공공 부문 피고용자 단체들에게 특수 이익을 추구할 수 있는 권한을 부여해 줌으로써 복지를 정치화한다.

시장 자유지상주의자들은 복지국가 지지자들을 더 이상 방어할 수 없게 된 복지국가의 현 상태를 옹호하는 사람들로 간주한다. 그들에 따르면, 복지국가는 경제와 국가를 휘감고 있는 큰 뱀이 되었고, 따라서 우리는 이제 그 뱀을 떼어내야 한다.

시장 자유지상주의자들의 주장에 따르면, 유권자들은 복지 부양자의 수를 정말로 스스로 자신을 부양할 수 없는 소규모의 핵심 시민으로 줄이겠다고 약속하는 정당에 점점 더 투표할 것이다. 마찬가지로 유권자들은 자신들이 다른 어떤 재화나 용역과 관련하여 계약을 맺을 때 복지를 축소하고 그 대가로 훨씬 더 낮은 세금을 내는 것이 자신들에게 이익이 된다는 것을 점점 더 깨닫게 될 것이다. 그리고 보건, 교육, 연금의 민영화가 이루어진다면, 기대치가 다시 자원의 수준에 맞추어지고 자유 경제와 최소 국가가 회복될 것이다. 그리고 이는 다시 이전에 국가를 통해 제공되었던 서비스의 선택과 질을 극대화할 것이다.

하나의 교의로서의 시장 자유지상주의는 강한 유토피아적 특징을 가지고 있다. 그렇기에 시장 자유지상주의의 완전한 이상은 지금까지 어느 곳에서도 달성되지 못했다. 하지만 그러한 교의는 현재 서구 국가들의 정치에서 강력하며 여전히 증가하는 추세에 있다.

시장 자유지상주의가 제시하는 대안적인 도덕관에 따르면, 정책은 항상 국가 지출과 세금을 줄이고 개인의 자유, 자아실현, 개인의 프로젝트, 자기 충족의 영역을 확대하는 방향으로 나아가야 한다. 개인들이 협력을 선택할 수도 있지만, 그렇게 하도록 강요받아서는 안 된다.[6]

시장 자유지상주의는 모든 형태의 확대된 국가－복지에 지출하는 것만큼이나 국방과 무기에도 지출하는－에 도전하는 급진적인 교의이다. 시장 자유지상주의는 또한 인간의 자유를 제한하는 형태의 국가의 모든 개입－마약법, 이민 통제, 육아 수업, 의무 교육을 포함하여－에 도전한다. 민족은 집합체이고, 개인을 강요할 수 있는 그 어떤 더 높은 도덕적 권한도 가지지 않는다. 만약 민족이 자연발생적으로 생겨난다면 민족은 자유와 양립할 수 있지만, 일단 민족이 국가의 도구가 되면 자유는 사라진다.

복지국가－그것이 보수적인 형태이든 사회주의적인 형태이든 간에－의 생존에 대해 제기되는 이의 중 많은 것이 이제 시장 자유지상주의의 언어로 표현된다. 신자유주의의 다양한 조류는 모두 시장 자유지상주의 사상에 의해 크게 영향을 받지만, 신자유주의의 조류 중 많은 것이 국가에 훨씬 더 큰 역할, 심지어는 복지국가의 역할까지도 허용한다.

프리드리히 하이에크는 국가가 사회적 최소한도social minimum를 보장해야 한다고 생각했다. 즉, 그는 국가가 극단적 빈곤과 궁핍을 막기 위한 안전망을 제공해야 한다는 생각을 옹호했다.[7] 그러나 하이에크조차도 원칙적인 주장을 하기보다는 신중한 주장을 펼쳤다. 혁명의 위험으로부터 사람들을 보호하기 위해서는 사회적 안전망이 필요했다. 사회적 안전망은 가난한 사람들을 달래고 진정시키는 하나의 수단이었고, 시장 질서를 파괴하려는 사회 집단들로부터 시장 질서를 지키는 유용한 보험 정책이었다.

시장 자유지상주의 앞에 놓인 커다란 도덕적·실제적 문제는 19세기의 고전 자유주의가 안고 있던 문제와 동일하다. 그것은 바로 가난한 사람들을 어떻게 해야 하는가 하는 것이다. 시장 자유지상주의의 이상은 모든 사람이 자립적이고 독립적이며 근면하고 자족적이어야 한다는 것이다. 하지만 그렇지 않은 개인들은 어떻게 해야 하는가?

보수주의자들과 마찬가지로 자유주의자들은 성격과 행동을 바꾸는 것을 목적으로 하는 특정한 형태의 개입을 선호했다. 교육은 자유주의자들이 선호하는 사회 문제 해결책이었는데, 이는 모든 개인의 내면에는 자유주의적 질서와 일치하는 방식으로 행동하게 하는 합리적인 핵심이 존재한다는 가정에 기반한다. 자유주의자들에 따르면, 교육을 통해 그러한 합리적 핵심이 발현되면, 어느 누구도 국가나 공동체에 신세를 지지 않게 될 것이다. 그러나 이 목표를 향한 진전은 항상 더뎠고, 그동안 자유주의 시장 질서는 장애인, 노인, 그리고 아주 어린아이뿐만 아니라 가난한 사람, 무력한 사람, 범죄자, 게으른 사람들에 대해서도 대처해야 했다.

빈민, 즉 독립적인 삶을 살 수 없거나 살려고 하지 않는 모든 사람들을 어떻게 대할 것인가와 관련한 도덕적 딜레마는 여러 가지 방법으로 해결되었다. 그러한 방법들 모두가 오늘날 잘 알려져 있다. 산업화 시대의 초반에 영국의 스핀햄랜드 제도 Speenhamland system는 가난한 사람들에게 원외 구조outdoor relief [구빈원 밖에서 지원하는 것_옮긴이]를 해주었지만, 그것은 게으름과 의존성을 조장한다는 비난을 받았고, 그리하여 1984년에 훨씬 더 가혹한 통제방식을 도입한 '신빈민법New Poor Law'으로 대체되었다.

'신빈민법'은 혼자 힘으로 살아갈 수 있는 사람들에 대한 지원을 거부하고, 그 밖의 다른 모든 사람을 구빈원으로 몰아넣었다. 그곳에서 그들은 겨우 연명하는 것을 대가로 매우 강압적으로 통제받고 자유를 박탈당했다.[8] 구빈원에 배치된 개인들이 자신들의 자유의 권리를 잃은 것은 그들이 더 이상 합리적이고 독립적인 개인으로 여겨지지 않았기 때문이다. 모든 개인이 구빈원에 받아들여지는 것도 아니었다. 구빈원에 들어가려면 일정한 기준에 부합해야 했다.

시장 자유지상주의적 유토피아에는 구빈원이 들어설 자리가 없다. 그러나 현대 사회의 신자유주의 현실에는 전후 시기 완전고용 경제가 파괴되고 수많은 숙련 제조업 일자리가 사라진 이후 크게 증가한 수많은 빈민을 어떻게 할 것인가 하는 문제가 여전히 남아 있다.

금융 붕괴의 결과로 유럽 전역에 강요된 긴축 프로그램들에서는 빈민을 처벌하고 복지급여의 가치를 계속해서 줄이고 일부 혜택을 완전히 없애는 것이 추세였다. 따라서 개인들은 권리를 주장하기가 훨씬 더 어려워졌고, 모든 시민은 더 많은 위험을 스스로 감수하도록 강요받았다.

1990년대와 2000년대 초반의 경기 상승기에는 많은 나라에서 복지 혜택이 증가했지만, 불황기인 지금은 공중의 분위기가 바뀌었다. 시민들은 복지국가의 특정 부분에 대한 지지를 철회했다. 이러한 현상은 사회보장과 같은 비보편적 복지급여와 관련하여 특히 두드러진다. 사회보장 수혜자 집단에게는 훨씬 더 쉽게 부적격자라는 오명이 씌워지고 있다. 그리고 정치적으로는 그러한 집단의 혜택을 줄이는 것이 다른 것보다 더 쉽다는 것이 입증되었다. 설문조사의 증거는 대부분의 시민이 이를테면 실업급여가 복지 예산에서 실제보다 훨씬 더 높은 비율을 차지하고 있는 것으로 믿고 있음을 보여준다.[9]

재정 긴축은 기껏해야 문제를 억누르고 있을 뿐이다. 그리고 시장 자유지상주의자들의 목표는 여전히 문제를 완전히 제거하여 국가가 복지를 제공할 필요가 없게 만드는 것이다. 그러한 목표를 달성하기 위해서 그들은 공격의 범위를 사회보장을 넘어 건강과 교육 같은 복지국가의 핵심적인 보편적 프로그램으로까지 넓혀 나갈 것이다. 그때에도 그들이 내세우는 도덕적 입장은 사회보장 급여의 경우에서와 동일하다. 즉, 복지는 개인적 책임의 문제여야 한다는 것이다.

시장 자유지상주의자들에 따르면, 개인은 자녀의 교육에 대한 비용을 스스로 지불해야 하며, 건강상의 위험이나 실업 또는 장애의 위험으로부터 자신을 스스로 지켜야 한다. 국가가 자국 시민들을 위해 교육을 제공하거나 건강에 관여해야 할 이유가 전혀 없다. 그러한 것들은 사적 재화이며, 다른 어떤 재화나 서비스와 동일한 방식으로 자유 시장에서 소비자와 생산자 간의 상호작용에 맡겨놓으면 된다.

이러한 이상을 향한 진전은 많은 전달체계를 민영화함으로써 민간 기업들이 공공 계약에 입찰할 수 있게 하고 공공 부문 노동력을 줄이는 것에서 주로 목격되어 왔다. 그러나 국가는 자금의 통제 권한을 보유함으로써 가장 중요한 서비스의 경우에는 이용 시점에서는 여전히 무료로 공급하고 있다.

바우처와 보험에 대한 실험이 있었지만, 몇 가지 심각한 현실적인 어려움에 부딪혔다. 국가가 교육 및 복지의 제공과 자금 조달에서 완전히 철수할 경우 어떠한 보험 제도도 적용받지 못하고 필요한 치료를 충분히 받지 못하는 개인들은 어떻게 되는가라는 도덕적 문제가 발생한 것이다.

신자유주의 경제에 만연해 있는 낮은 급여, 그리고 그러한 상황에서 소득 척도의 맨 밑에 있는 개인들에게서 세금을 공제하는 추세는 역설적으로 자신의 건강관리와 교육에 대해 개인이 스스로 책임지는 것을 매우 어렵게 만든다. 소득 척도의 최하층에 있는 사람들은 보험료를 지불할 어떠한 여유 소득도 없으며, 소득세와 자본세 인하로부터 아무런 혜택도 받지 못할 것이다.

보수주의자들은 교육이나 보건 어느 쪽에서도 국가적인 해결에 적극성을 보이지 않는다. 하지만 그들은 교육 과정이나 공중 보건 문제에 자주 기꺼이 개입해 왔다. 잘 교육받은 건강한 시민을 확보하는 데 대한 국가 경제의 관심은 개인의 자유를 무시하는 것을 정당화한다. 보수주의자들에게 쟁점은 항상 학교나 병원이 정치적 통제에서 벗어나는 것을 어느 정도까지 허용할 것인가 하는 것이다. 사회주의자들의 경우에도 마찬가지이다. 시장 자유지상주의자들과는 달리, 보수주의자와 사회주의자 둘 다 국가나 공동체가 개인에 대해 우선적인 도덕적 권리를 가진다는 것을 받아들인다.

처음으로 과반수 의석을 차지한 영국 노동당 정부를 소재로한 켄 로치Ken Loach의 영화〈1945년의 시대정신The Spirit of '45〉에는 아픈 아이를 진찰하기 위해 의사를 부른 한 가족의 이야기가 나온다. 방문 중에 의사는 2층에서 또 다른 아이가 기침하는 소리를 듣고 그 아이 역시 진찰할지를 묻는다. 어머니는 진찰 비용을 감당할 수 없다고 말하지만, 의사는 이제 그 서비스는 무료이며 더 이상 그런 걱정을 할 필요가 없다고 설명한다.

사회주의자들과 많은 보수주의자에게 있어 이와 같은 이야기들은 복지국가의 창조를 정당화한다. 그러나 시장 자유지상주의자들의 경우에는 그러한 특정 사례에 공감할 수는 있지만, 개인이 스스로 선택할 자유를 제어하는 것은 결코 정당화될 수 없는 일이다. 시장 자유지상주의자들이 보기에, 국가가 개인을 대신하는 것은 필연적으로 더 큰 의존성을 낳는다.

복지국가를 둘러싼 도덕적 논쟁들은 항상 다음과 같은 주장으로 귀결되었다. 개인들이 자신의 삶을 선택하는 데 국가가 개입하는 것—아이들에게 교육받을 것을 요구함으로써, 흡연 금지와 같은 공중 보건 요건을 부과함으로써, 그리고 재분배적 복지국가의 자금을 조달하기 위해 강압적인 권력을 이용하여 시민들로부터 세수를 추출함으로써—이 얼마나 바람직한가? 이 주장의 균형을 잡는 것이 복지국가가 생존할 수 있는지 또는 그렇지 않은지를 평가하는 데서 핵심적인 요소의 하나이다.

20세기 대부분 동안의 도덕적 논쟁에서는 국가의 복지 제공을 확대하고 개인이 삶에서 직면하는 위험과 불확실성을 줄이는 것에 찬성하는 사람들이 일반적으로 승리했다. 그러나 복지국가는 항상 논쟁의 대상이 되어왔고, 최근 몇십 년 동안에는 19세기의 낡은 자유방임주의적 자유주의가 오늘날의 시장 자유지상주의 형태로 다시 태어나서, 유럽 전역의 많은 정당과 정치체계에 침투하기 시작했다. 자유방임주의적 자유주의는 복지국가가 계속 존재해야 하는 이유에 딴지를 건다. 복지국가가 살아남기를 원하는 사람들은 이러한 주장에 정면으로 맞서야 한다.

제3장

복지국가의 네 가지 과제

시장 자유지상주의 조류는 그간 진전을 이루어왔고, 특히 영미권에서 일정한 성공을 거두었다. 하지만 이들 국가에서도 복지국가를 지속하는 데 동의한 정치적·사회적 합의가 지금까지 유지되고 있다. 북유럽의 사회민주주의 복지국가 체제들과 서유럽의 보수적인 조합주의적 복지국가 체제들은 '탈상품화'에 대한 온갖 저항 추세 속에서도 가장 큰 성공을 거두어왔다. 그러나 설령 이러한 상황이 여전히 사실이고 모든 서구 민주주의 국가 중 대다수 국가가 복지국가가 살아남기를 계속해서 원한다고 하더라도, 복지국가가 계속 살아남으리라는 보장은 전혀 없다.

금융 위기로 촉발된 새로운 불경기에 직면하자 복지국가의 미래가 다시 한번 의문시되었다. 복지국가는 다시 검증을 통과하고 자신을 쇄신할 새로운 방법을 찾을 수 있을 것인가, 아니면 이번에는 복지국가에 가해진 압박이 많은 유권자로 하여금 지지를 철회하게 하여 복지국가가 무너지고 말 것인가?

복지국가가 많은 과제에 직면해 있지만, 여기서는 네 가지를 뽑아 보다 면밀하게 분석하고자 한다. 네 가지 과제는 서로 맞물려 있고, 복지국가가 존재하는 한 어느 정도는 존재해 왔다. 그러나 현재와 같은 형태의 과제들은 신자유주의 시대의 산물이며, 지난 35년간 보여온 정치경제의 핵심적인 추세를 일정 부분 반영한다.

비용 감당 가능성

비용 감당 가능성의 문제는 아마도 복지국가의 미래를 위협하는 것으로 가장 자주 꼽혀온 과제 중 하나일 것이다. 문제의 핵심은 자신이 원하는 공공 서비스를 제공받는 대가로 더 많은 세금을 내라고 사람들을 어떻게 설득할 것인가 하는 것이다. 정부가 너무 많은 것을 약속하거나 아니면 이행하지 못할 약속을 할 것이라는 두려움은 복지국가가 출범하던 초기부터 늘 있어

왔다.

정부에 더 많은 지출을 요구하는 압력은 항상 강력하며, 호경기에는 정부가 그러한 압력에 굴복하여 지출 증가를 허용한다. 그러나 이는 정부가 늘릴 수 있는 세금의 총액이 증가하는 비용을 대는 데 필요한 지출금의 총액을 따라가지 못할 수도 있다는 것을 의미한다.

이 문제는 불경기 동안에 특히 심각하기는 하지만, 항상 존재하는 문제이다. 정부는 서비스를 줄임으로써 이 문제에 대처할 수 있지만, 이 방법은 인기가 없다. 또는 서비스를 지속적으로 개혁하는 방식을 통해 비용을 절감함으로써 효율성을 제고할 수도 있지만, 이 방법은 속도가 더딜 수 있다. 아니면 세금이나 요금을 인상할 수도 있지만, 이 방법 역시 인기가 없다. 아니면 차입금을 늘릴 수도 있지만, 이 방법은 한계에 봉착한다.

이 문제는 실제로는 돈의 문제가 아니다. 서구 사회는 복지국가가 처음 도입되었을 때보다 훨씬 더 부유하다. 서구 사회는 복지에 더 많은 지출을 하기로 결정할 수도 있었다. 각국은 복지에 기꺼이 지출하고자 하는 정도에서 이미 큰 편차가 있다. 이를테면 스칸디나비아의 사회민주주의 국가들은 가장 관대한 복지국가와 최고 세율의 조세체계를 갖추고 있고, 앵글로-자유주의적Anglo-liberal 국가들은 가장 덜 관대한 복지국가와 최저 세율의 조세체계를 가지는 경향이 있으며, 유로존의 보수적인 질서-자유주의적ordo-liberal 국가들은 그 중간 어딘가에 있다.

이 문제는 정치적 의지의 문제이다. 서구 민주주의 국가의 유권자들은 더 많은 공공 서비스 지출과 낮은 세금을 약속하는 정당에 투표한다. 유권자들은 스웨덴식 공공 서비스와 미국식 세금을 원한다. 정당들은 다양한 정도로 그럴듯하게 두 가지 모두를 제공하는 척한다. 개인 소비의 기회가 급속히 증가함에 따라 많은 나라에서 매우 높은 과세가 받아들여질 가능성은 줄어들었다. 그 결과, 정치인들은 새로운 세금을 제안하는 것을 매우 경계하게 되었다. 새로운 세금은 항상 인기가 없는 경향이 있기 때문이다.

정부는 새로운 세금을 도입하기가 어려운 것은 물론이고 기존의 세금을 늘리는 것도 점점 더 어려워지고 있음을 발견한다. 신자유주의 시대에 정당들은 주요 형태의 직접세와 간접세 — 일반적으로 국가를 대신하여 고용주가 공제하는 소득세와 부가가치세 같은 판매세 — 를 인상하지 않기로 약속하는 것을 놓고 서로 점점 더 경쟁한다.

최근 몇 년 동안 복지체제와 무관하게 유럽 전역에서 각국 정부는 재정 흑자를 달성하기 위해 재정 운용의 자유를 제약하고 지출과 차입의 목표치를 엄격하게 설정하는 재정 규칙을 마련하는 데 점점 더 관심을 가져왔다.[1] 어떤 경우에는 그 재정 규칙에 정부가 특정한 세금을 인상하는 것을 막기 위한 법이 포함되기도 한다. 그러한 규칙의 탄력성은 아직 적절히 검증되지 않았다.

많은 논평자가 추측하듯이, 만약 재정적 위급상황이 매우 심각했다면, 어떤 정부라도 그러한 규칙의 적용을 일단 보류하고 세금을 올렸을 것이고 또 세금을 올리는 것에 아무런 양심의 가책도 느끼지 않았을 것이다. 2008년 금융 붕괴 이후 모든 서방 정부들은 경제가 급락하는 것을 막기 위해 기꺼이 특별 조치들을 취했다.

훨씬 더 엄격한 재정 규칙과 재정 흑자에 대한 정치적 열망이 신자유주의 시대를 지배하고 있다. 이러한 열망은 모든 정당의 정치인들이 조장한 기대, 즉 세율이 절대로 오르지 않고 내려가기만 할 것이라는 기대를 반영한다. 세율이 인상되면, 사람들은 인상된 세율이 일시적인 것이며 조속히 되돌려질 것이라고 생각한다. 이는 과거의 조세 체제와는 매우 다르다. 과거에는 재정적 위급상황에서는 재정수지의 균형을 회복하기 위해 세율을 인상할 필요가 있다는 것이 받아들여졌다.

앵글로-자유주의적 국가만 놓고 보면 신자유주의 시대에는 전통적인 의미에서의 재정 보수주의자들이 실제로 남아 있지 않다(유로존의 질서-자유주의적 국가의 경우는 이와 다르다). 그들은 세금을 올릴 수 있는 능력을 스스로 부인하면서, 지출 감소에 모든 강조점을 두었다. 이는 자주 정치적으로 훨씬 더 어려운 과제이다. 이 어려움에 대처하기 위해 정부는 스텔스 세금stealth tax을 만들어내는 데 능숙해졌다. 스텔스 세금은 공중이 세금을 내고 있다는 사실을 잘 인지하지 못하는 세금이다.

과거에 가장 유익했던 스텔스 세금은 재정적 장애fiscal drag였다. 재정적 장애란 정부가 아무런 정치적 결정을 하지 않았는데도 인플레이션이 납세자들을 더 높은 납세 계층으로 밀어 넣는 과정을 말한다. [이것은 사실상 세율을 인상하지 않고도 정부 세수를 증가시킨다. 세금이 늘어나면 소득의 더 큰 비중이 세금을 내는 데 들어가기 때문에 납세자의 총 수요와 소비 지출을 감소시켜 결국에는 경제에 장애가 된다._옮긴이 추가]

신자유주의 시대의 문제 중 하나는 인플레이션이 매우 낮은 수준으로 떨어졌고 이제는 많은 나라에서 인플레이션보다는 디플레이션에 대한 압력이 더 크다는 것이다.[2] 그 결과, 재정적 장애의 혜택은 훨씬 줄어들었고, 일본과 같은 많은 나라의 정부들은 인플레이션 비율을 낮추는 것이 아니라 올리려고 하고 있다.

세율에 대한 이러한 하향 압력은 특정 종류의 과세를 전면 철폐하라는 압력으로까지 확대된다. 이러한 압력은 재정 경쟁 fiscal competition에서 가장 분명하게 드러난다. 재정 경쟁으로 인해 각국은 자본에 대한 세금을 낮추기 위해 서로 경쟁하고, 부자들이 세금 협의를 통해 높은 세금 부담을 피하는 것을 묵인한다.

미국에서는 상속세를 영구히 폐지하라는 압력이 일고 있으며, 미국과 일부 동유럽 국가들에서는 일률 과세 ─ 조세체계에서 모든 형태의 누진 과세를 폐지하고 대신에 개인에게 소득의 고정 비율(이를테면 20%)이나 심지어 고정금액을 세금으로 내도록 요구하는 것 ─ 에 대한 관심이 일어난 적도 있었다. 두 가지 시책은 모두 매우 누감적인 조세가 될 것이며, 정부가 복지국가에 대한 지출을 포함하여 지출을 위한 자금을 조달하는 데 필요한 세수를 영구히 낮은 수준으로 고착시키도록 설계될 것이다.

시장 자유지상주의자들은 오랫동안 세율과 세수 간의, 그리고 세율과 경제성장 간의 관계를 보여주는 곡선에 매료되어 왔다. 1980년대에는 래퍼 곡선Laffer curve[보통 세율이 높아질수록 세수가 늘어나지만 세율이 일정 수준을 넘으면 세수가 오히려 줄어드는 관계를 보여주는 곡선_옮긴이]이 트리클-다운 테제trickle-down thesis ─ 부자에 대한 세율을 낮추면 부자들이 세무 당국에 자신들의 수입의 아주 많은 부분을 숨기는 방법을 찾는 것을 그만둘 것이기 때문에 실제로는 세수를 증가시킬 것이라는 주장─에 실체를 제공하기 위해 소환되었다. 이 테제에 대한 증거는 항상 매우 의심스러웠다. 부자에 대한 세율을 낮추고 조세체계의 누진성을 떨어뜨리는 것이 초래하는 주된 효과는 불평등을 극적으로 증가시키는 것이었다.

최근에 카토 연구소Cato Institute는 란 곡선Rahn curve을 옹호해왔다. 란 곡선은 경제성장의 극대화를 목적으로 하는 경우 정부 지출에는 최적의 수준이 있음을 보여주고자 한다.[3] 그 지출 수준은 국민소득의 15%에서 20% 사이인 것으로 계산된다. 만약 이 수준을 넘어선다면(선진 경제 가운데서는 홍콩과 같은 몇몇 특별한 경우만 그 기준선 아래에 있다), 경제성장은 훨씬 더 낮아질 것으로 전망된다.

서구 경제에서 공공 지출은 35%에서 50%까지 다양하다(그 중 많은 부분이 이러저러한 형태의 복지국가에 지출되고 있다). 그러나 공공 지출과 경제성장 간에는 어떤 뚜렷한 상관관계도 없다. 스칸디나비아 경제들처럼 공공 지출을 가장 많이 하는 국가 가운데서도 일부는 지속적으로 높은 성장률을 보여왔다. 강력한 복지국가가 경제성장을 억제하기보다는 촉진시킨다는 증거들도 상당히 많다.[4]

그러나 경제적 주장은 실패했음에도 불구하고, 정치적 주장은 여전히 강력하다. 왜냐하면 삭감되는 것이 자신의 서비스가

복지국가는 살아남을 수 있는가

아닌 다른 사람들의 서비스인 한, 많은 유권자가 더 적은 세금을 내기를 원하기 때문이다. 서구 조세 국가tax state들의 이러한 바닥으로의 경쟁은 그 국가들이 공공 서비스에 필요한 자금을 조달하는 데서 만성적인 세수 부족을 겪게 될 것임을 의미한다. 이것은 복지국가가 항상 비용을 감당할 수 없을 것처럼, 즉 항상 새로운 재정 위기에 맞닥뜨릴 것처럼 보이게 한다.

미국에서는 최근 몇 년간 공화당이 의회에서 부자에게 어떠한 새로운 세금도 부과하는 것에 대해 단호히 반대해 왔고, 급증하는 미국 국가 부채에 대처하기 위해 지출 감축만을 옹호해 왔다. (미국의 국가 부채는 2015년에 18조 달러에 달했는데, 이는 1992년에는 로스 페로Ross Perot가 그렇게도 우려했던 부채의 여섯 배에 달하는 액수였다.)

제1장에서 언급했듯이, 2012년 미국 대통령선거에서 공화당 부통령 지명자가 된 폴 라이언은 예산 균형 달성을 목적으로 한 '라이언 플랜Ryan Plan'을 들고 나왔다. 라이언 플랜은 2050년까지 연방 예산을 미국 국민소득의 약 15%로 줄일 것을 제안했다. 의회 예산국은 이 계획의 효과가 연방 지출 프로그램을 대대적으로 축소하게 될 것이라고 계산했다.

2012년에 버락 오바마Barack Obama가 재선에 성공한 것은 미국에서 그때까지 라이언 플랜에 근접하는 어떤 것도 전혀 실행하려 하지 않았다는 것을 의미한다. 그러나 라이언 플랜은 균형예산과 낮은 과세를 중심으로 하는 재정 체제를 영구적으로 확립하기 위해 헌법 개정을 지속적으로 요구하는 미국 시장 자유지상주의자들의 선동 패턴에서 여전히 한 부분을 이루고 있다. 그러한 재정 체제는 (만약 구축되는 일이 일어난다면) 잔여적 복지국가를 유지하는 것조차 매우 어렵게 만들 것이다.

또한 이 논쟁은 미국에만 국한된 것이 아니다. 캐나다는 이미 '연방균형예산법Federal Balanced Budget Act'을 도입했고, 영국의 예산책임헌장Charter for Budget Responsibility은 경제가 성장할 때 정부가 예산 흑자를 내도록 규정하고 있다.

과세 수준을 둘러싼 공방은 복지국가의 생존에 결정적이다. 세금을 걷을 수 없는 국가는 붕괴 직전에 있는 국가이고, 제 기능을 수행할 수 없다. 이는 복지국가에서도 역시 사실이다. 만약 조세저항과 탈세가 일정 수준에 도달하여 (그리스처럼) 세금을 충분히 걷지 못하거나 일정 수준 이상으로 증세하는 것이 불가능해진다면, 그것은 그 형태를 불문하고 모든 복지국가─만약 복지국가가 존재한다면─를 심각하게 제한한다.

복지 비용을 지불하고자 하는 의지에 관한 조사연구는 광범위한 정치적 연합을 유지하는 것이 복지국가의 생존에 필수적이라는 것을 보여준다. 만약 모든 시민이 삶의 어떤 시점에서 복지 프로그램으로부터 이익을 얻는다면, 그들은 복지국가의 자금 조달을 위해 과세하는 것을 지지할 가능성이 크다.[5]

비용 감당 가능성의 다른 측면은 지출이다. 우파 자유지상주의적 의제가 그 주창자들이 바라던 만큼 진전되지 못한 이유 중 하나는, 많은 유권자가 점점 더 세금이 줄어들기를 바라지만 서비스에 대한 지출이 줄어드는 것은 원치 않기 때문이다. 반대로 그들은 서비스 지출이 늘어나기를 원하거나, 적어도 서비스의 질이 유지되기를 원한다.

세수가 줄어드는 상황에서 정부가 서비스 지출을 늘리거나 서비스의 질을 유지하는 것은 전혀 가능하지 않다. 그러한 상황에서 정부는 가장 가치 있는 서비스 또는 적어도 대다수의 유권자 또는 실제로 투표에 참여하는 유권자가 높이 평가하는 서비스를 보호하거나 그러한 서비스에 한정하여 비용을 제공하는 방식으로 서비스를 지탱하려고 한다. 이는 건강, 교육, 연금과 관련한 보편적 복지 프로그램들이 보호되는 경향이 있다는 것을 뜻한다.

유럽의 긴축 프로그램에서도 거의 모든 국가가 연금수급자들의 이익을 보호하고 있는데, 이는 연금수급자들이 젊은 시민들보다 투표할 가능성이 훨씬 더 크다는 사실을 반영한다. 비슷하게 보건과 교육은 대다수의 사람이 의존하고 여전히 높은 수준으로 인정받는 서비스이다.

표적이 되는 지출 영역은 소수집단 — 장애인, 실업자, 저소득 노동자 가족 — 에게 혜택을 주는 영역이다. 앞 장에서 언급했듯이, 이러한 급여수급자들은 연금수급자나 학교와 병원을 이용하는 사람들보다 훨씬 더 쉽게 오명을 쓸 수 있다. 대폭 삭감이 일어나는 곳이 일반적으로 이 부문이다.

빈민을 지원하는 복지 지출에 대한 공감도는 낮아졌다. 공중은 기여 원칙이 적용되는 복지 지출에 대해 지지하는 태도를 보인다. 그러나 기여가 전혀 이루어지지 않는 프로그램들에 대해서는 훨씬 덜 지지한다.

하지만 그리스에서처럼 긴축의 악영향이 실제로 나타나면, 그러한 규칙 중 일부가 깨진다. 정부가 주권을 잃기 때문이다. 그리스의 시리자Syriza 정부는 연금수급자를 보호하는 것이 레드라인의 하나라고 주장했다. 이는 유럽 전역에서 나타난 패턴이다. 연금수급자에게 자금을 지원하면 자원이 가구를 통해 재분배되기 때문에 실제로 젊은 실업자를 포함한 다른 많은 집단을 보호한다.

그러나 2015년 6월에 새로운 긴급 구제를 놓고 벌인 최후 재협상에서 그리스 채권단, 즉 유럽중앙은행, 유럽연합, 국제통화기금이라는 트로이카는 법인세와 부유세를 인상하겠다는 시리자 정부의 제안을 거부하고(채권단은 이들 세금이 징수될 수 없을 것이라고 믿었다), 대신 시리자가 보호를 공언했던 가장 가난한 연금수급자를 포함하여 연금에 대한 추가 삭감을 제안했다.

신자유주의 시대의 재정 긴축에서 앵글로-자유주의적 자본주의와 질서-자유주의적 자본주의 모두가 채무불이행에 대해 취한 입장은 세금이 아닌 지출을 줄이는 것이었고, 그리스와 몇몇 다른 질서-자유주의적 국가에서 이것은 핵심 프로그램에 대한 지출의 삭감을 의미했다. 앵글로-자유주의적 국가에서도 대폭적인 지출 삭감이 이루어졌지만, 지금까지 지출 삭감은 다수에게 직접적인 영향을 미치지 않는 프로그램에 집중되었다.

대폭적인 지출 삭감을 피하면서도 큰 폭의 세금 인상은 피하는 또 다른 방법은 효율성을 제고하는 것이다. 공공 서비스의 개혁은 새로운 것이 아니다. 개혁은 항상 복지국가의 일부였지만, 1970년대의 위기 이후 새로운 긴급성을 얻었다.[6] 성숙한 복지국가가 자신을 지탱하는 데 이용할 수 있는 자원을 확보하기보다 지출을 더 빠르게 증가시키는 경향을 지속적으로 보였다는 인식은 복지국가를 재구조화하기 위해 부단히 노력하게 했다. 그러한 노력은 복지국가의 효율성을 제고하고 생산성을 높이고 가파른 비용 상승 속도를 늦추기 위해 복지국가의 운영을 개혁하고 복지국가를 새로운 규율과 목적에 예속시키는 형태로 나타났다.

성숙한 복지국가라고 하더라도 끊임없이 개혁하지 않고는 아마도 오래 살아남지 못할 것이다. 문제는 효율성 제고가 가능한가 하는 것이 아니라 복지국가가 충분히 비용 상승을 억제하고 높아지는 기대치를 충족시킬 수 있는가 하는 것이다.

신자유주의 시대는 목표, 회계 감사, 유사시장, 구매자와 공급자 간 분리, 그리고 민간 위탁과 새로운 형태의 자금조달(이를테면 공공재정 이니셔티브) 실험을 강조하는, 신공공관리new public management[시장경제 원리를 정부에 적용하여 경쟁과 효율성을 강조하고 정부는 최소한의 역할만 맡는 관리 형태_옮긴이]로 알려진 것을 개발함으로써 이 논쟁에 또 다른 전환의 계기를 마련했다. 신공공관리가 추구한 것은 관리자들이 산출량과 성과를 보다 정확하게 측정할 수 있게 하고 그러한 조치를 통해 생산성과 효율성을 향상시키는 것이었다.[7]

이러한 방법들이 얼마나 성공을 거두었는지, 아니면 또 다른 수준의 관료주의를 추가했을 뿐이어서 결국 폐기의 대상이 되었는지에 대해서는 논란이 많다. 예전에 서비스를 운영하던 전문가들은 밀려나서 신공공 서비스 관리자들에게 종속되었고, 그들은 이제 모든 선진 복지국가에서 인정받는 계층이 되었다. 그들의 역할은 자신들이 관리하고 규제하는 서비스를 지속적으로 개혁하는 것이었다.

신자유주의 시대에 비용 감당 가능성 딜레마는 유권자들이 더 적은 세금을 내고 싶어 하거나 적어도 더 많은 세금을 내지 않기를 바라면서도 동시에 더 좋고 더 많은 서비스를 받기를 원하기 때문에 발생해 왔다. 이것이 바로 서로 다른 정치적 신념을 지닌 정부들이 신공공관리가 제시하는 영구 개혁이라는 말을 받아들인 이유 중 하나이다.

또 다른 이유는 복지국가가 유권자들의 요구만 충족시키는 것이 아니라 현대 정치경제와 그 정치경제를 재생산하고 지속 가능하게 하는 데에도 필수적이기 때문이었다. 이것은 시장 자유지상주의자들의 영향을 받은 급진정부들조차 신자유주의 시대의 호경기 때나 지금의 불경기에서도 복지국가를 해체하는 데서 상대적으로 별 진전을 보지 못했던 이유를 설명하는 데 도움을 준다.

시장 자유지상주의적 의제를 실현하는 데 필요한 수준으로까지 국가 규모를 크게 축소시키는 형태의 획기적인 개선은 아직 없었다. 그 이유 중 하나는 기대치의 상승 물결과 그 기대치에 따라 늘어나는 수급 자격 때문이다. 만약 수급 자격이 제한된다면, 복지국가가 비용을 꽤 감당할 수 있을 것처럼 보일 수도 있다. 복지국가의 초기에는 그 목적이 노령 기초연금을 제공하고 실업과 건강 악화로 인한 위험을 보호하는 정도로 매우 수수했다. 그러나 경제의 요구와 경쟁적인 민주 정치의 압박이 그 목적을 크게 바꾸어놓았다.

현대 시민권은 시민적 권리, 정치적 권리, 사회적 권리를 진정으로 보편적이게 만드는 것에 기반하여 구축되어 왔으며,[8] 그것은 불평등과 특정 집단에 대한 차별의 다양한 원천을 밝혀내는 결과를 가져왔다. 복지국가의 이상은 모든 시민이 완전한 자아실현을 달성하는 것이다. 따라서 이를 보장하는 가장 좋은 방법은 모든 개별 시민이 특정한 재화를 향유하고 특정한 기회에 접근하고 특정한 피해로부터 보호받을 자격이 있다는 것을 인정하는 것이다.

사회가 더 부유해짐에 따라 제공되는 복지 프로그램의 질적 문턱도 높아진다. 복지국가는 기본적인 것만 제공해야 하는가, 아니면 그곳에 존재하는 것을 최대한 이용할 수 있게 하기 위해 노력해야 하는가? 여기에 딜레마가 있다. 만약 복지국가가 전자를 선택한다면, 복지국가는 기본적인 안전망 이상의 것을 거의 제공하지 않을 것이고, 불평등은 지속될 것이다. 왜냐하면 여유 있는 가족들은 최고급의 교육과 의료 서비스를 구입할 것이기 때문이다.

만약 복지국가가 후자를 선택다면, 복지국가는 판도라의 상

복지국가는 살아남을 수 있는가

자를 열게 될 것이다. 왜냐하면 제공할 수 있는 것의 질은 항상 상승하고 그에 따라 비용도 마찬가지로 상승하기 때문이다. 가능한 최고의 의료 서비스를 제공하기 위해서는 그 의료 서비스를 이용 가능하게 하는 자원이 지속적으로 증가되어야 한다. 그리고 이는 특정 서비스에 대한 요금 또는 세금이 인상될 수밖에 없다는 것을 의미한다.

문제는 보편적 급부에 있다. 왜냐하면 보편적 급부는 그 성격상 잠재적으로 제한이 없는 경향이 있기 때문이다. 복지국가에서는 선별주의selectivity와 보편주의universalism — 리처드 티트머스Richard Titmuss가 강조한 구분[9] — 의 장단점과 관련한 논쟁이 오랫동안 있어왔다.

만약 복지급여나 서비스가 선별적으로 주어진다면, 그것들이 가장 필요한 사람들에게 갈 수 있다. 하지만 그러한 복지급여나 서비스 없이 견딜 만한 여유가 있는 사람들에게는 그것들이 제공되지 않을 수 있다. 수급 자격 규정이 매우 엄격하고 강요될 경우, 선별주의는 복지 프로그램 비용을 확실하게 줄여준다.

하지만 선별주의에는 단점도 있다. 선별에 필요한 자산조사는 그 자체의 비용이 들고 자주 매우 관료제적이다. 자산조사는 오명을 수반한다. 그리고 권리를 주장해야 하는 많은 사람은 오명과 번잡한 절차 때문에 차라리 조사에 임하지 않는 쪽을 선택하고 만다.

반면 보편적 복지급여는 큰 장점이 있다. 모든 시민이 이용할 수 있기 때문에 복지급여를 받더라도 오명을 쓰지 않는다. 이 경우 복지급여는 하나의 자격이다. 또한 확대된 복지국가가 광범위한 정치적 지지를 받기 위해서는 보편적 복지급여가 필수적이다.

보수주의자들과 시장 자유지상주의자들은 복지 권리 주장 문화entitlement culture에 대해 항상 우려해 왔다. 왜냐하면 그러한 문화는 국가가 제공해야 하는 것의 기대치를 올려놓아 산출과 비용 간의 연결고리를 끊어놓는 경향이 있기 때문이다. 복지국가 초기에 정부는 재정수지 균형의 우선성을 주장하고 특정한 복지급여에 사용할 수 있는 돈에 재정적 한도를 설정함으로써 이 문제에 대처했다. 따라서 복지급여가 제한되거나 그 가치가 줄어들 수밖에 없었다. 이것은 가혹한 정책으로 이어질 수 있다.

복지국가 초기 수십 년 동안의 재정 압박기에 정통 재정 교의는 세금을 올리거나 지출을 줄이거나 차입을 늘리는 방식으로 예산의 균형을 이루어야 한다고 포고했다.[10] 그중 지출을 줄이는 것이 항상 선호되는 방식이었고, 재무부 장관들은 실업급여처럼 제한이 없는 복지급여에도 기꺼이 지출 한도를 설정했다. 예산의 균형을 맞추는 것이 어떠한 경상 지출 항목보다 우선시 되었다. 그 항목에는 시민들의 수급 자격도 포함되었다.

그러한 재정 교의는 전후 케인스 시대에 대부분 폐기되었다. 그리스 위기 동안에 그랬던 것처럼, 그러한 교의가 다시 모습을 드러내면 하나의 충격으로 다가온다. 그리스인들은 채권단으로부터 재정수지 균형을 회복하기 위해 연금을 포함하여 수급 자격을 낮추라는 요구를 받았다.

정부가 그러한 압력을 받을 경우, 대부분의 국가는 보편적 수급 자격과 어떠한 직접 대결도 피하고자 하는 의지를 강하게 드러낸다. 이를테면 연금 지급 연령을 높임으로써 수급 자격에 제한을 가하더라도, 그러한 변화가 장기간에 걸쳐 단계적으로 일어나게 만듦으로써 현 연금수급자들의 이익에 당장 악영향을 미치지 않도록 주의한다. 몇몇 국가에서는 긴축 정책을 시행하는 동안에도 특정한 보편적 복지급여와 프로그램을 특별히 보호해 왔고, 경우에 따라서는 심지어 그것들의 입지가 강화되기도 했다.

그 수치를 산정해 보면, 복지국가를 특징지어 온 대규모 보편적 복지 프로그램 중 일부에서는 재정 채무가 걱정스러워 보일 수도 있다. 미국의 경우에 연금과 메디케어Medicare(노인 의료보장제도)에서 현재 지급이 유예되어 있는 재정 지원금의 누적액이 61조 달러에 달하는 것으로 추산된다. 의회에서 공화당과 민주당이 세금 인상을 둘러싸고 교착 상태에 있음을 감안할 때, 미국은 부채 부담에 직면해 있고, 그 부채는 계속해서 증가할 것이다.

미국은 매우 부유한 나라이고, 따라서 세금을 올리기로 결정함으로써 부채를 없앨 수 있었다. 그러나 그러한 정치적 선택이 봉쇄되어 있는 한, 미국의 예산은 계속해서 표류할 것이다. 이 문제는 기후 변화 및 다른 많은 문제와 함께 그 해결이 다음 세대로 넘어갈 것이다.

미국은 국가복지 면에서 그리 관대하지 않기로 잘 알려진 나라이지만, 대단히 인기 있는 메디케어와 연금 같은 일부 핵심 복지 프로그램 – 이들 프로그램은 심지어 티파티Tea Party 지지자들 사이에서도 인기가 있다 – 에 대해서는 헌신적이다. 이로 인해 이들 프로그램에 누적된 채무는 수급 자격과 기대가 복지 프로그램에 자금을 지원할 정치적 능력을 넘어설 때 복지국가에서 무엇이 잘못될 수 있는지를 보여주는 본보기가 되고 있다.

수급 자격 혁명revolution of entitlement은 지난 100년 동안 민주적 시민권의 부상 및 그것의 부상이 고무해 온 시민권 영역의 확장과 관련하여 일어난 커다란 변화 중 하나였다. 그러한 변화

복지국가는 살아남을 수 있는가

가 일어난 주요 영역 중 하나가 가정 ―젠더 분업과 사회적 재생산의 영역인― 이다. 가정은 항상 복지 제공에서 지극히 중요한 역할을 해왔다. 가정은 하나의 집합적 제도이며, 많은 문제를 흡수하고 시장경제가 만들어내는 많은 위험에 대처하기 위해 행동한다.

복지국가가 위축될 때 그 공백을 메우기 위해 돕고 나서야 하는 것이 일반적으로 가족이며, 가족 내에서 아동, 노인, 장애인, 병자의 돌봄과 관련하여 그러한 역할을 하는 것은 대부분 여성이다. 자본주의는 생존하기 위해 항상 비시장 제도에 의존해 왔다.

가정은 오랫동안 가장 중요한 의지처였고, 많은 나라에서는 지금도 여전히 그러하다. 점차 가정의 역할은 복지국가에 의해 대체되었고, 여성은 남성과 더 평등한 기반 위에서 삶을 추구하기 위해 해방되었다. 그러나 재정 위기와 새로운 긴축이 시작될 때마다 국가는 갑자기 가족에게 책임을 떠넘기기 시작한다.

보다 많은 여성이 노동시장으로 진입한 것은 경제적으로뿐만 아니라 사회적으로도 커다란 이득을 가져왔지만, 남성과 여성 사이에 평등하고 공정한 대우가 자리 잡게 하기 위한 싸움이 승리를 거두기까지는 아직도 많은 것이 남아 있다. 이는 부분적으로 사회에는 여전히 가족과 자원봉사 부문―다시 주로 여성들이 직원으로 일하는—의 지원을 필요로 하는 영역들이 숨어 있기 때문이다.

새로운 금융 위기가 닥칠 때마다 가사 노동의 불평등성이 다시 그 효력을 발휘하지 않게 하려면, 육아 및 보육 시설의 점진적 확대, 아동 수당을 통한 구체적인 소득 지원, 돌보미 급여 제공, 그리고 일반적으로는 장애인을 위한 사회적 돌봄과 사회적 시설의 개선이 필수적이다. 거기에서 얼마간 진전이 있었지만, 갈 길은 여전히 멀다.

복지국가의 다른 많은 영역에서와 마찬가지로 이 영역에서도 국가가 더 많은 것을 제공해야 한다는 욕구가 일단 일어나면, 기존의 재정적 제약 내에서 그 욕구를 충족시키기가 어려워진다. 그러나 그러한 욕구는 복지국가의 보장 범위와 복지국가가 제공할 수 있는 서비스의 질을 확대하기 위한 지원 기구를 만들어낸다.

비판자들은 자주 복지국가에 대해 부채와 낭비의 블랙홀로 영원히 빠져드는 것으로 묘사하고, 이것을 복지국가가 살아남지 못할 이유로 제시한다. 그들에 따르면, 복지국가는 비용을 통제할 수 없다. 그러나 스칸디나비아의 복지국가들과 같이 최선을 다하는 복지국가는 서비스의 질을 높이고 시민들의 요구에 더 깊이 침투하는 데 어떻게든 성공하고, 그와 동시에 자신을 지탱하는 데 필요한 자원을 동원하는 방법에 대해서도 어떻게든 정치적 동의를 이끌어낸다. 복지국가는 그러한 일들을 해낼 수 있다.

국제 경쟁력

현대 복지국가와 복지국가를 관리하는 정부가 직면한 두 번째 핵심 과제는 개방경제에서 복지국가를 어떻게 유지할 것인가 하는 것이다. 20세기에 국제 통화 협력 체계가 붕괴되고 무역이 침체되거나 위축되고 온갖 형태의 보호주의가 진전되던 몇십 년의 시간이 지난 다음, 1945년 이후의 시대에 우리는 새로운 국제 통화 질서를 확립하고 재화, 자본, 그리고 심지어 사람들의 이동을 자유화하려는 꾸준한 노력과 함께 다시 한번 국제 경제가 점진적으로 개방되고 있음을 목도했다.

1970년대 이후에는 미국과 영국이 신자유주의로 전환하면서 개방 속도가 빨라졌다. 인플레이션에 대처하기 위해 새로운 통화 및 재정 규칙이 개발되었고, 이는 다시 자본 통제를 꾸준히 폐지하고 통화를 유동화하고 국경을 개방하고 무역을 자유화했다. 이러한 경향은 냉전이 종식되고 세계가 두 개의 분리된 경제적·군사적 블록으로 나뉘면서 강화되었다.

새로운 개방은 지구화라는 새로운 이름을 얻었다. 비록 지구화에 대한 주장이 자주 과장되었지만, 지구화는 초기 전후 시기 이후에 일어난 현저한 변화—그리고 전간기와 양차 세계대전 시기에 비하면 훨씬 더 현저한 변화—를 상징했다. 마치 19세기 영국이 주재했던 자유주의적 국제질서로 복귀하는 것만 같았다. 한 가지 중요한 차이점은 이제는 그 어떤 식민제국도 남아 있지 않다는 것이었다.

1990년대 이후의 새로운 현상은 신흥 강국 그룹, 그중에서 특히 중국, 인도, 브라질이 등장한 것이었다. 거대한 인구를 가진 이들 강국은 빠르게 성장하기 시작했고, 국제 경제의 본질, 국제 경제의 분업, 그리고 국제 경제의 미래 거버넌스에 대한 전망을 변화시켰다. 이러한 발전은 신흥 강국에 더 많은 영향력과 정치권력이 누적됨에 따라 21세기 동안 국제 경제의 균형에 상당한 변화가 있을 것임을 암시했다.

신흥 강국들의 놀라운 발전은 1990년대에 시작되어 2008년 금융 붕괴에 이르기까지 (약간의 중단이 있기는 했지만) 길게 지속된 경제 상승 흐름에서 핵심적인 요소였다. 신흥 강국들은 이제 서구 경제의 시장에 넘쳐나는 저비용 제품을 생산하는 데 한몫했고, 그리하여 인플레이션을 낮추고 생활수준을 끌어올렸다.

복지국가는 살아남을 수 있는가

하지만 신흥 강국들은 그 과정이 어디에서 멈출지에 대한 불안감도 불러일으켰다.

서구 경제는 국제 경제의 새로운 분업 구조 속에서 살아남기 위해 어떻게 재조정될 것인가? 제조업과 서비스 일자리가 점점 더 신흥 강국으로 넘어가면서, 많은 논평자는 일자리를 잃은 노동자들이 대체 일자리를 구하기가 힘들어질 것이라고 우려했다. 만약 그들을 위한 일자리를 찾을 수 없다면, 많은 사람이 복지급여에 의존하게 될 것이고, 이는 다시 지출을 증가시켜 복지 재원을 더 부족하게 할 것이었다.

서구 경제는 곤경에 처한 것으로 보였다. 지구화 및 그것과 연관된 국제 경제의 자유화를 되돌리기란 어려웠다. 그러나 신흥 강국들의 임금과 노동 기준이 유럽과 미국보다 훨씬 낮기 때문에 일자리 손실을 막기 위해 할 수 있는 일은 거의 없었다. 선진 경제에서 임금과 노동 기준을 낮추는 것만이 경쟁력을 유지할 수 있는 유일한 해결책일 수 있었다. 그러나 그러한 조치를 정치적으로 실행하기란 매우 어려웠다. 왜냐하면 특히 그러한 조치를 취하기 위해서는 임금에 관한 결정뿐만 아니라 사회적 임금에 관한 결정도 필요했기 때문이다.

서구 노동자들이 가난한 나라 노동자들과 더 이상 경쟁이 되지 않는 이유 중 하나는 서구 노동자들은 복지급여와 복지 자격이라는 복잡한 네트워크로부터 지원을 받기 때문이었다. 일부 시장 자유지상주의자들은 이 모든 지원을 제거하면 서구 노동자들이 다시 일자리로 돌아갈 수 있을 것이라고 주장한다.

시장 자유지상주의자들의 이러한 주장에 깔려 있는 핵심 논거는 이렇다. 서구 경제의 부의 많은 부분과 사회적 임금을 통한 그러한 부의 강화는 얼마간은 지난 100년 동안, 특히 자유주의적 국제 시장 질서가 다시 확립된 1945년 이후 40년 동안 이들 경제가 보호받아 온 방식에서 기인했다. 서구 경제는 국제 경제에서 특권적인 구조적 지위를 차지하고 있었고, 그러한 지위를 이용하여 자신들의 부를 구축하고 견고하게 지켰다. 복지국가 확대를 통해 사회적 임금을 강화하고 국내 평화를 이룩하고 큰 내수시장을 구축한 것은 서구 경제의 부가 가져다준 주요한 결실 중 하나였다.

지구화 시대가 도래하면서 그러한 전후 정착 구조는 공격받았다. 많은 일자리가 국제 경쟁력을 상실해서 사라져가고 있는 반면, 부유한 나라로 진입한 경제적 이민자들이 가하는 압박은 점점 더 커지고 있다.

20세기 복지국가는 항상 국민국가 프로젝트였다. 자원을 공유하고 재분배하는 공동체는 언제나 개별 국가 공동체였다. 많은 복지 프로그램이 보편적이었지만, 그 프로그램들은 개별 국가의 공간 내에서 보편적이었다. 세계정부와 세계분배를 생각하는 별난 사람들도 소수 있었지만, 그것이 실제 정책이 될 가능성은 전혀 없었다.

이러한 불일치는 각국이 일반적으로 자국의 복지 예산에 지출하는 금액과 그들이 외국 원조에 지출하는 금액에서 볼 수 있다. 유엔이 정한 외국 개발원조의 목표는 국민소득의 0.7%이다. 이를 채우는 국가는 거의 없다. 그러나 각국은 아마도 자국 시민들을 위한 복지 프로그램에 20% 이상 지출할 것이다.

이것이 현대 복지국가의 핵심에 자리하고 있는 또 다른 역설이다. 복지국가는 자유방임주의적 자본주의가 낳은 극심한 불평등과 불안전을 완화하기 위해 개발되었다. 복지국가는 자본주의를 길들이는 데 성공했으며, 대다수가 시민적 권리와 정치적 권리뿐만 아니라 사회적 권리까지 누리는 사회민주주의를 창조하는 데에도 성공했다. 그러한 성과가 20세기 후반에 복지국가의 경제를 부유하고 안정되게 만들었다.

하지만 지구화 시대에 선진 경제는 일자리를 찾기 위해 자신들의 국가에 진입하려고 노력하는 가난한 나라의 사람들에게 하나의 자석이 되었을 뿐만 아니라, 아시아에서 발생하고 있는 새로운 형태의 자유방임주의적 자본주의─고용의 권리에 의해서도 방해받지 않고 국가가 제공하는 복지에 소요되는 비용에 의해서도 방해받지 않는 — 와 경쟁할 수도 없게 되었다. 서구의 복지국가는 번영과 화합의 작은 오아시스가 되었고, 포퓰리즘적 운동은 자신들의 특권을 유지하기 위해 이민 제한과 무역 제한을 점점 더 요구하고 있다.

복지가 더 이상 감당할 수 없는 사치로 인식될 경우, 글로벌 경쟁은 복지국가의 생존을 위협한다. 이는 시장 자유지상주의자들로부터 자주 듣는 상투어이지만, 때때로 우리는 사회민주주의 좌파에게서도 이 말을 듣는다. 서구 노동자들을 다시 경쟁력 있게 만들기 위해서는 비용을 줄여야 한다는 목소리가 자주 나오고 있고, '글로벌 레이스global race'와 부와 고용이 보장되지 않는 서구 경제의 작동 방식에 대해 경고하는 목소리도 나오고 있다. 하지만 국가를 통해 자원을 조달하는 복지 비용이 모두 제거된다고 하더라도, 서구 노동자들은 여전히 중국, 베트남, 인도네시아의 노동자들과 경쟁할 수 없을 것이다.

서구 경제가 경쟁력을 갖추기 위해서는 기술, 네트워크, 축적된 자본을 사용하여 세계의 다른 지역에서 값싼 노동력으로 복제할 수 없는 새로운 제품과 서비스를 개발함으로써 가치 사슬value chain을 끌어올려야 한다. 그러나 그렇게 하기 위해서는 교육과 훈련에 대한 투자를 늘려야 한다. 그런데 민간 기업이 그런 투자에 자금을 제공할 가능성은 적기 때문에 국가가 자금을 제공해야 한다.

경제가 경쟁력을 유지하고 시민을 고용 상태로 유지하기 위해서는 국가가 인적 자본에 보다 많은 장기 투자를 해야 한다. 이것은 복지국가를 축소시키기보다는 확대시키고, 이는 다시 국가의 자금조달에 영향을 미친다. 복지국가를 없애는 것은 서구 경제의 고용과 번영에 해를 끼칠 것이다.

이는 복지국가의 역사에서 익숙한 패턴이다. 만약 복지국가가 가난과 고통을 구제하는 것에 관한 기구였을 뿐이었다면, 복지 지출을 제물로 바치는 것이 노동자를 일자리로 돌려놓는 유일한 방법일지도 모른다. 그러나 만약 노동자들을 일자리로 돌려놓는 유일한 방법이 그들에게 투자하는 것, 즉 그들에게 다른 종류의 일을 할 수 있는 기술을 제공하는 것이라면, 복지국가를 축소하는 것은 국가 예산에 더 큰 문제를 일으킬 뿐이다.

동시에 대부분의 서구 경제는 사회투자 전략이 모든 사람을 위해 작동하도록 하는 것은 매우 어렵다는 것을 알게 되었다. 기술 수준이 낮아 고용될 수 없기 때문에 여전히 실업 상태로 남은 채 복지급여에 의존하고 있는 사람이 너무 많다. 고용주들이 경제의 다양한 일자리에서 기꺼이 일하고자 하는 젊고 의욕이 넘치고 고도로 숙련된 수많은 이민자에게 마음이 끌리는 것은 당연하다. 그렇지만 이것은 많은 지역사회에서 일자리, 주택, 학교, 그리고 신참자들의 문화적 통합 등을 둘러싸고 사회적·정치적 긴장을 유발한다.

이것들은 다루기 힘든 문제이지만, 복지국가는 그러한 문제들을 이겨내는 법을 배우는 중이다. 중요한 것은 편협한 형태의 보호주의로 후퇴하지 않는 것이다.[11] 유입량이 너무 많을 경우에는 어느 지역사회든 이민자를 흡수하는 데 한계가 있을 수밖에 없다. 하지만 그간 복지국가는 이민자의 유입량을 통제함으로써 다양하면서도 통합된 지역사회를 건설할 수 있다는 것을 보여주어 왔다.

하지만 긴축 프로그램이 신뢰를 파괴하고 불안정성을 증가시킨다면, 이 모든 진보를 위험에 처하게 할 수 있다. 또한 긴축 프로그램이 미래 경제가 필요로 하는 고숙련 고임금 일자리와 개인을 창출하는 데 매우 중요한 사회적 투자를 축소하는 동시에 이민자의 유입을 자의적으로 제한한다면, 앞으로 복지국가의 비용 감당 가능성을 심히 위협할 수 있다.

균형을 정확하게 맞추는 일은 엄청나게 복잡하다. 그리고 정치인들은 언론에서 복지급여나 이민과 같은 문제를 다루는 조야한 방식에 의거하여 계속해서 방어적인 태도를 취한다. 하지만 그러한 태도 속에는 아무런 실질적 대안이 존재하지 않는다. 복지국가가 대변하는 이익을 내팽개쳐서는 안 된다. 그리고 유

럽을 다른 세계와 맞서는 요새로 만들어서는 복지국가를 보호
할 수 없다. 원조를 늘리고 전 세계의 발전 속도를 높이려는 노
력만이 확실한 장기 치료법이다.

새로운 사회적 위험

세 번째 핵심 과제는 복지국가가 원래 맞서 싸우고자 했던 위
험의 곁에서 새로 출현한 일단의 사회적 위험이다. 이러한 새로
운 사회적 위험은 제조업 경제에서 서비스 경제로 이행하고 보
다 개인주의적인 사회와 정치문화가 출현한 것 — 신자유주의는
이러한 문화가 출현했음을 보여주는 징후 중 하나이다 — 과 관련되어
있다. 복지국가 옹호자들에게 주어진 정치적 과제는 이런 풍토
에서 연대를 옹호하는 주장을 어떻게 펼쳐나갈 것인가 하는 것
이다.

과거에 집산주의와 집단주의적 태도를 마음으로 지원했던
많은 제도가 약화되거나 파괴되었다. 그러한 제도로는 노동조
합, 대량 생산 공장, 긴밀하게 결합된 노동계급 공동체, 교회,
확대가족 등을 들 수 있다. 이러한 제도의 약화 추세는 새로운
것이 아니다. 이러한 추세는 하나의 경제적·사회적 질서로서

의 자본주의의 발전 논리 속에 새겨져 있다.

개인들은 국가, 공동체, 가족의 집합적 유대로부터 해방되어 왔다. 이는 개인들에게 훨씬 더 많은 개인적 자유와 훨씬 더 큰 사적 공간, 즉 실험과 자기 창조 프로젝트를 실행할 수 있는 아주 많은 여지를 제공해 왔다. 그것은 개인들을 더 독립적이고 자립적이게 만들어왔고, 그 원천이 무엇이든 간에 권위의 명령을 그리 받아들이지 않게 했다.

새로운 사회적 위험은 새로 출현하는 유형의 노동, 가구, 의존성에 집중되어 있다.[12] 그간 새로운 위험을 발생시켜 온 중요한 사태들로는 다음과 같은 것을 들 수 있다. (1) 여성의 노동시장 참여 수준이 훨씬 더 높아졌다. (2) 복지급여에 영구적으로 의존하는 시민 집단이 훨씬 더 큰 규모로 생겨났다. (3) 한부모 가정이 증가했다. (4) 고임금 정규직 일자리의 감소와 시간제·임시직·최저임금 일자리의 증가로 인해 고용 불안정성이 증가했다. (5) 노령 인구에서 사회적 돌봄의 중요성이 증가했다. (6) 낮은 기술이나 쓸모없게 된 기술만 보유한 탓에 덫에 갇힌 노동자의 수가 증가해 왔다. 그리고 (7) 이러한 위험의 많은 것에 대응하여 제공되던 사회 서비스들이 부적절해졌다.

이러한 위험 중 일부는 이전에는 확대가족에 의해 대처될 수 있었지만, 가족 구조의 변화로 인해 그렇게 할 수 있는 여지가

복지국가는 살아남을 수 있는가

줄어들었다. 새로운 사회적 위험에 의해 악영향을 받는 집단 중에서 많은 집단이 주변화되어 있고, 새로운 권리를 옹호하는 데 동원할 수 있는 종류의 네트워크와 역량도 지니고 있지 못하다.

사회민주당이 새로운 위험에 처한 집단들의 욕구에 가장 민감하지만, 다른 단체들이 정치적으로 훨씬 더 잘 조직되어 있다. 새로운 사회적 위험에 의해 가장 큰 영향을 받는 사람들은 더 고립되어 있고 더 파편화되어 있으며 자신들의 욕구를 정치적으로 중요한 것으로 만드는 능력이 떨어지는 경향이 있다. 그들 중 다수는 투표하지 않는다.

이러한 추세는 복지국가에 장애물과 기회 모두를 만들어내 왔다. 그러한 추세는 자발적인 비성찰적 연대를 그리 흔히 일어나지 않는 일로 만들었다. 개인은 일단 성인이 되면 생애주기 단계마다 선택과 결정에 책임을 지는 자율적인 금융 주체가 되어야 한다는 압박이 커지고 있다. 생애주기를 헤쳐나가기 위해 다양한 종류의 보험뿐만 아니라 학자금 대출, 주택담보대출, 연금과 같은 빚을 점점 더 많이 떠안는 것도 거기에 포함된다.

게다가 개인들은 자신들이 원하는 재화와 서비스를 즉시 구매하기 위해 점점 더 많은 돈을 빌린다. 금융 서비스는 그러한 욕구가 창출하는 수요를 충족시키기 위해 확장되어 왔다. 삶 속에서 마주하는 온갖 선택과 위험에 대처하기 위해 신용카드, 개인 대출, 장기 금융, 온라인 뱅킹 및 금융 상품을 이용하는 것은 이제 대부분의 시민에게 일상적인 현실이 되었다.

복지국가의 자금조달 방식과 조직화 방식은 이러한 추세 대부분과 배치된다. 시민들은 직접적으로든 간접적으로든 소득의 상당 부분을 세금으로 납부하고, 서비스는 시민의 관여·참여·선택 가능성이 자주 제한되는 하향식으로 제공받는다.

옛 계획경제의 복지국가 모델은 군사 조직 방식을 따랐고, 전문가, 관리자, 그리고 그 분야의 전문직 종사자의 손에 권력과 의사결정이 집중되는 경향이 있었다. 이 모델에서는 위계질서, 규율, 효율성이 강조되었다. 복지국가가 단일한 목표의 달성을 지향하던 한창 때에는, 명령적 조직 모델이 매우 효과적일 수 있었다. 하지만 그러한 모델은 자신들에게 영향을 미치는 결정에 대해 점점 더 많은 선택과 통제를 행사하기는 바라는 시민들의 열망과 점점 더 충돌했다. 그동안 복지국가의 과제는 슈퍼마켓의 특징인 유연성과 고객 응대 능력을 복지국가에 얼마나 도입할 수 있는가 하는 것이었다.

전통적 복지국가 모델을 옹호하는 사람들은 복지국가가 제공하는 서비스와 제품은 슈퍼마켓이 제공하는 것과 전혀 다르다고 주장한다. 좋은 건강과 교육은 너무 중요해서 마치 비누같이 사고팔 수 있는 상품이기나 한 것처럼 시장 교환의 대상이 될 수 없다는 것이다.

복지국가를 차별화하는 주장 중 하나는 복지국가는 시장과는 다른 영역이라는 것이었다. 즉, 복지국가는 상품이 되어서는 안 되는, 따라서 시장과는 다른 방식으로 제공되어야 하는 어떤 재화가 존재한다는 것을 인정하는 영역이다. 복지국가의 이러한 특성은 전문가에게, 즉 전문지식에 의거하여 특정한 복지 재화가 무엇으로 구성되는지, 그리고 누구에게 어떻게 제공되어야 하는지를 결정하는 사람들에게 커다란 역할을 부여한다. 만약 시민들이 전문가들이 최고의 증거에 비추어 올바른 결정을 내리고 있다고 믿는다면, 그 복지국가는 잘 작동하는 체계이다.

그러나 보다 개인주의적인 교환과 계약 지향적인 문화가 출현하면서 시장이 사회적 삶의 점점 더 많은 영역에 침입해 들어왔고, 개인들은 자신들에게 영향을 미치는 결정 및 선택과 관련하여 더 많은 통제권을 원하게 되었다. 이제 개인들은 자신들을 대신하여 결정하는 전문가들을 신뢰하지 않는다. 세계 도처의 복지국가에서 발생한 다양한 부정한 사건들 — 특히 의료 분야뿐만 아니라 아동 보호와 교육 분야에서도 발생하는 — 은 전문가들에 대한 신뢰를 약화시켰고 시민들로 하여금 훨씬 더 자기주장을 내세우게 했다.

그 결과, 새로운 복지국가 조직 모델들이 실험되고 있다. 그

중 일부는 시민들이 자신이 이용하는 서비스의 거버넌스에 직접 참여하는 것을 포함하고 있다. 하지만 그러한 참여 모델에는 항상 대표성과 효율적인 의사결정을 보장하는 문제가 따른다. 좀 더 흔한 개혁은 시장이나 유사시장을 복지서비스에 도입하여 시민을 마치 소비자처럼 대우하는 것이었다.

실제 시장에서는 진입 장벽을 낮추고 서로 다른 많은 생산자들이 고객을 놓고 경쟁할 수 있게 하는 것이 가능하다. 그러나 규제 없이 무면허로 운영되는 시장원리가 보건이나 교육 분야에서도 작동할 수 있으리라는 전망은 대부분의 정부에서는 일반적으로 너무나 멀리 나아간 지나친 생각이었다. 게다가 그러한 일은 정부가 또 다른 개인주의적인 추가 조치들—더 이상 시민을 위해 서비스를 제공하거나 구매하지 않고, 세금을 급격하게 줄이고, 개인들이 자신의 돈을 어떻게 쓸지를 전적으로 개인에게 맡기는 등의—을 취할 준비가 되어 있을 때만 가능한 것이었다.

보다 개인주의적인 사회—모든 사람이 금융 주체가 되는, 그리고 모든 사람이 자신의 자산과 부채를 관리하고 위험과 수익을 계산하는 법을 터득하게 되는—의 논리는 복지국가와 같은 집단주의적 제도의 에토스와 목적에 분명하게 반한다. 공공 서비스의 개혁을 주창하는 사람들은 만약 공공 서비스가 그간 다른 많은 시장에서 익숙해진 종류의 선택권과 유연성을 시민들에게 제공하지 않

　　　　　　　　　복지국가는 살아남을 수 있는가

는다면 시민들은 공공 서비스에 만족하지 못할 것이라고 주장한다. 이러한 개혁 주창자들은 개인들이 자신들의 경제적 문제의 다른 부분들에서 점점 더 많은 통제 능력을 갖추어가고 있다면 복지국가 내에서는 왜 그들에게 동일한 자유가 주어져서는 안 되는가라고 묻는다.

하지만 이에 반대하는 사람들은 그러한 주장은 완전한 민영화를 실현하기 위한 하나의 의제일 뿐이라고 말한다. 일단 서비스의 구매자와 제공자가 분리되고 제공자가 대부분 민간 영리기업으로 바뀌면, 그다음에는 당연히 구매자로서의 국가를 제거하고 그 역할을 개별 시민에게 이전하는 조치가 취해질 것이라는 것이다.

아직까지는 어떤 정부도 실제로 그렇게까지 한 적은 없다. 그렇게 하지 않은 데에는 강력한 이유가 있다. 국가를 제공자 역할에서 제외할 것인지를 놓고 그간 종종 논란이 있었다. 국가를 제공자 역할에서 제외한다고 해도, 원칙적으로는 그것이 서비스를 납세자에게 이용 시점에서 무료로 제공한다는 관념에 위배되는 것은 아니다.

많은 나라가 일련의 단체 ─ 비영리 단체와 영리 단체 ─ 에게 공공 서비스의 제공을 허가하고 있다. 하지만 그러한 방식으로 서비스를 제공하는 데에는 납세자가 좋은 거래를 하고 있는지, 그리고 공적 자원이 서비스의 질을 전혀 개선하지도 않은 채 얼마나 사적 이익으로 빼돌려지는지 등과 관련하여 심각한 문제들이 존재한다. 그러나 집합적 제공이라는 기본 원칙은 여전히 그대로 남아 있다.

하지만 구매 역할을 개인에게 이전하면 완전한 민영화, 그리고 조세 및 지출의 주요한 개편이 수반될 것이다. 비록 밀턴 프리드먼Milton Friedman과 같은 시장 자유지상주의자들은 오랫동안 가장 좋은 형태의 규제는 경쟁이라고 주장해 왔지만,[13] 공공 서비스의 개혁을 주창하는 사람들은 아마 경쟁 상황에서도 주요한 부정한 사건들을 막기 위한 규제가 일정하게 이루어질 것이라고 본다. 개혁 주창자들에 따르면, 나쁜 생산자나 부정한 생산자들은 살아남지 못할 것이다. 왜냐하면 소비자들이 발로 투표하고 불매운동을 할 것이기 때문이다. 이 정책에 대한 주요한 실제적인 반박은 상당히 많은 사람이 심각한 피해를 입은 다음에야 시장이 잘못을 시정할 것이라는 점이다.

복지국가 속으로 개인주의가 점점 더 퍼져 들어오는 것은 복지국가에 얼마나 큰 과제인가? 만약 모든 시민이 시장 자유지상주의 윤리를 지지해서 상업 사회에서 사는 위험을 전적으로 받아들인다면, 복지 제공을 뒷받침하기 위해 기존 수준의 세금을 내거나 자신들을 대신하여 내려지는 선택과 결정을 용인하던 욕구는 곧 견딜 수 없는 것이 될 것이다. 그리고 정당들은 이에 발맞추어 복지국가를 해체하기 위한 강령들에 대한 캠페인을 시작할 것이다.

개인주의의 부상은 증세에 대한 저항이 증가하는 데 분명한 영향을 미쳤고, 복지국가의 정당성과 복지국가에 대한 본능적인 지지를 훼손하는 데 일조해 왔다. 사회 문제를 집단적으로 해결하는 것에 대한 정치적 지지가 그간 약해져 왔으며, 민주적 유권자의 일부 핵심 집단이 이제는 집합적 서비스에 자금을 대기 위한 세금 인상에 반대하고 있다.

많은 서구 사회에서 민간 부문 노동자와 공공 부문 노동자 사이에 불화가 생겨난 방식에 대해서는 특히 주목할 필요가 있다. 공공 부문 노동자들은 높은 수준의 공공 지출을 계속해서 기꺼이 훨씬 더 지지하는데, 그것은 단지 그들이 공공 지출로부터 이익을 얻기 때문만은 아니다. 그것은 또한 그들이 공공 에토스와 강한 공적 영역—개인주의적인 시장 에토스에 반하는 것으로서의—을 믿기 때문이기도 하다.

그러나 시장 자유지상주의자들의 의제는 더 멀리까지 진전되지 못했다. 더 많은 개인적 자유와 독립을 바라는 시민의 욕망이 더 많은 안전을 바라는 시민의 욕망에 의해 균형이 맞추어졌기 때문이다. 대부분의 시민은 위험을 피하려 하고 있으며,

이는 금융 서비스가 제공하는 많은 상품에 반영되어 있다.

가족을 포함하여 사회 전반에서 정부가 모든 종류의 문제를 규제하기를 바라는 욕망도 점점 증가하고 있다. 정부 개입이 예상되는 영역의 수를 고려해 볼 때, 신자유주의 시대에도 정부의 개입 범위는 줄어든 것이 아니라 식품 표시에서부터 흡연, 운송에 이르기까지 확대되어 왔다. 건강, 교육, 주거, 연금과 같은 기본적인 영역에서도 동일한 욕망이 드러난다.

시민들은 자신들이 안전하다는 것을 알고 싶어 한다. 그리고 시민들은 일이 잘못되면 정부가 문제가 된 부문을 충분히 강력하게 규제하지 않았다고 비난한다. 이는 금융 붕괴 자체에 대해서도 마찬가지였다. 은행도 자신들의 행동에 대해 비난받았지만, 정부 역시 파산을 초래한 과잉을 방지하는 방식으로 은행 부문을 규제하지 않은 것에 대해 비난받았다.

근대적 개인은 서로 다른 원리들이 자웅을 겨루는 여러 자질을 기묘하게 혼합하고 있는 존재이다. 근대 상업 사회의 역사에서는 더 많은 개인이 이전의 어느 때보다도 금융 주체가 되어야만 했다. 그러한 사회에서는 애덤 스미스Adam Smith의 말대로 모든 사람이 상인이다. 그러나 그러한 사회에서도 위험에 노출되는 것을 즐기는 사람은 상대적으로 소수이고, 대부분의 사람은 위험으로부터 보호받기를 원한다.

만약 사람들이 상대적으로 중요하지 않은 삶의 영역에서도 위험으로부터 보호받기를 원한다면, 인간의 번영과 복리에 대한 관념이 중심을 이루는 영역에서는 훨씬 더 그러할 것이다. 이것이 바로 복지국가가 일반적으로 담당해 온 영역이다. 복지국가가 여전히 그 기능을 수행하는 한, 대부분의 시민은 복지국가가 자신들에게 제공하는 보호를 해체하는 것에 투표하지 않을 것이다.

개인주의는 문제를 더 은밀하게 일으킬 것으로 보인다. 다시 말해 더 많은 개인주의가 시민들로 하여금 다른 사람들의 욕구에 덜 주의를 기울이게 하고, 자신들만큼 잘살지 못하는 사람들과 연대할 필요성을 덜 확신하게 하고, 보편적인 보호를 계속해서 유지하는 데 필요한 세금을 덜 내게 할 수 있다. 특히 서구 경제에서는 최근의 불경기를 겪으면서 가난한 사람들에 대해 얼마간 둔감해지고 있음을, 즉 복지급여를 요구하는 사람들을 냉담하게 바라보고 있음을 보여주는 증거가 제출되고 있다.

이것은 재분배의 필요성이 점점 덜 받아들여지고 있음을 의미하는가? 아니면 서구 사회에서 불평등이 훨씬 더 많이 용인되고 있음을 의미하는가? 불평등이 증가하고 있다는 것은 하나의 사실이지만(이에 대해서는 마지막 장에서 논의할 것이다), 사람들이 불평등의 증가를 더 많이 용인하는지에 대한 증거는 엇갈린다. 이는 부분적으로는 현재 출현하고 있는 불평등의 정도에 대한 이해가 아주 제한적이기 때문이다.

복지국가는 재분배와 집단적 해결책에 대한 지지가 얼마간 부식되더라도 살아남을 수 있지만, 그러한 부식은 복지국가를 약화시키고, 복지국가가 스스로 지탱하기 어렵고 계속해서 병들어 있는 것처럼 보이게 한다. 이것이 바로 공공 서비스의 개혁이 여전히 중요한 이유이다. 더 개인주의적인 문화와 그 문화가 동반하는 서비스 및 제품의 수준에 대한 상승하는 기대를 조화시키는 것은 다른 조직과 마찬가지로 복지국가에도 중요하다.

그러나 고객 관리와 고객 만족의 언어로 말하면서도 실제로는 공공 서비스를 이용하는 사람들의 실제 관심과는 거리가 먼 경영 의제를 따르는 것은 피해야만 한다. 복지국가의 장기적인 생존을 보장하기 위해서는 이 관계를 바로잡는 것이 필수적이다. 그러나 그것은 복잡한 문제이다. 수십 년 동안 개혁이 이루어진 지금도 익숙한 불만이 여전히 많이 들리고, 부족한 점이 여전히 드러나고 있다. 아마도 이를 벗어날 방법은 없을 것이다.

고령화

네 번째 과제는 인구학적인 문제이다. 다시 말해 고령화와 출산율, 그리고 그것들이 복지국가의 지속가능성과 정당성에 영향을 미치는 방식의 문제이다. 복지국가의 가장 중요한 측면 중 하나는 세대 간에 자원을 재분배하는 것, 노령의 모든 사람에게 먹고살기에 충분한 소득을 보장하는 것, 그리고 적절한 의료보호와 사회적 돌봄을 제공하는 것이다.

품위 있는 은퇴dignity in retirement는 오랫동안 복지국가의 목표 중 하나였으며, 연금은 가장 먼저 개발된 프로그램의 하나였다. 사람들이 더 이상 일을 할 수 없거나 직장에서 기꺼이 은퇴하려 할 때 지원할 필요가 있다는 것은 분명했고 또 널리 받아들여졌다. 젊은 사람에게서 나이 든 사람에게로 자원을 재분배하는 것은 사회계약의 일부였다. 개인들은 그 계약에 대해 자신들이 현재 기여하면 자신들의 기여금으로 은퇴 시민들을 지원하고, 그 대가로 자신들이 은퇴할 차례가 되면 젊은 시민들로부터 자신들이 지원을 받는다는 것으로 이해했다.

이 모델은 잘 작동했지만, 그 모델의 작동은 은퇴 연령에 도달한 사람들의 자리를 차지할 젊은 노동자가 꾸준히 공급되느냐에 달려 있었다. 또한 그 모델은 노동인구로 진입하는 사람들의 유입이 은퇴하는 사람들의 유출보다 더 큰 패턴을 통상적으로 보일 것이라고 가정했다. 그렇지 않으면 노인 인구를 부양할 젊은 노동자가 충분하지 않을 수 있다.

이 모델의 바탕을 이룬 또 다른 가정은 사망률에 대한 예상치였다. 1942년에 발간된 베버리지 보고서―이 보고서는 1945년 이후 영국에서 건설된 크게 확대된 복지국가의 로드맵을 제공했다―에서는 연금 수령 연령이 남성 65세, 여성 60세로 고정되어 있었는데, 이는 그 나이를 훨씬 넘어서까지 사는 시민이 상대적으로 적을 것이라는 예상에 기초한 것이었다.

이러한 가정 중 많은 것이 이후의 발전에 의해 논파되었다. 대부분의 서구 사회에서는 인구 증가 속도가 뚜렷하게 느려졌다. 또한 기대수명이 크게 늘었고, 복지국가는 놀라운 성공을 거두었으며, 사람들에 대한 사회적 투자가 늘어났다. 그 결과, 많은 서구 사회가 인구 고령화를 경험하면서 노인 인구의 비율이 꾸준히 증가했다. 이탈리아와 일본 같은 일부 국가에서는 인구학적 추세가 인구 감소를 가리켰다.

이러한 추세는 연금수급자가 받는 급여의 가치를 유지하기 위해서는 상대적으로 감소하는 젊은 노동자 풀에서 추가 자원을 추출해야 한다는 것을 의미한다. 그렇기 때문에 복지국가에 하나의 문제이다. 이 문제―세대 간 공정성도 하나의 문제이다―를 완화하는 방법은 여러 가지가 있지만, 그중 어느 것도 아주 인기가 없다.

대부분의 국가가 출발점으로 삼은 가장 손쉬운 방법은 기대수명 상승에 맞춰 국가연금 수령 연령을 한꺼번에가 아닌 점차적으로 올리는 방식으로 연금수급 자격을 제한하는 것이다. 두 번째 선택지는 국가연금 급여의 관대성을 줄이는 것이다. 하지만 이 방법은 연금수급자 로비 단체의 권력과 더군다나 연금수급자의 높은 투표율 때문에 결코 쉽지 않다.

모든 민주주의 국가에서 연금수급자들은 방금 언급한 바와 같이 젊은 시민들보다 투표할 가능성이 더 크기 때문에 상당한 정치적 영향력을 행사한다. 민주주의가 정착된 모든 나라에서 최근 긴축 프로그램이 시행되는 동안에도 연금수급자의 권리가 어떻게 보호되는 경향이 있었는지는 주목해 볼 만한 가치가 있다.

때때로 연금과 연금수급자 급여는 드러내놓고 보호받아 왔고, 실질 소득을 보장받은 연금수급자들의 연금은 젊은 노동자들에게 제공되는 어떤 급부금보다 훨씬 더 관대하게 인상된다. 그러한 노골적인 전술은 자주 정치적 성과를 거두어왔다. 연금과 연금수급자 급여가 긴축으로부터 보호되었던 나라 가운데 하나였던 영국에서는 2015년 총선에서 노년층 표가 보수당으로 결정적으로 쏠렸다.

세 번째 대안은 출산율을 올리는 것이다. 1950년대에 프랑스는 임신한 모든 사람에게 다양한 재정적 인센티브를 제공함으로써 출산율을 높이기 위해 상당한 노력을 기울였다. 그 프로그램은 얼마간 성공을 거두었지만 잠시뿐이었다. 여성의 권리에 대한 문제가 크게 부상한 오늘날의 보다 자유주의적이고 개인주의적인 사회에서는 그러한 인센티브를 내세워 성공을 거두기란 훨씬 더 어려울 것이다.

대가족에서의 육아 부담은 가정경제의 다른 많은 측면과 마찬가지로 어머니에게 편중적으로 지워지는 경향이 있다. 여성해방과 풀타임 노동 및 경력 추구 기회의 증가는 부부가 아이를 갖는 연령을 점점 더 높아지게 했고 가족당 자녀 수를 감소시키는 결과를 가져왔다.

만약 특정 국가가 출산율을 제고할 수 없다면, 분명한 해법은 이민이다. 국제 경제의 불평등을 감안할 때, 가난한 나라에는 일하기 위해 부유한 나라로 기꺼이 이민 가고자 하는 사람들이 많다. 그러한 이주자들은 젊고 의욕이 강하며 낮은 임금으로 열심히 일할 준비가 되어 있다. 그들은 세금을 낸다. 그러니까 복지국가가 이용할 수 있는 자원에 주요한 기여를 한다. 게다가 많은 이주자가 이를테면 병원이나 사회적 돌봄 기관에서 직접 복지국가를 위해 일한다.

타블로이드판 신문들이 내세우는 신화들과는 반대로, 이민자들은 사고나 질병을 겪지 않는 한 복지국가로부터 거의 아무것도 얻지 못하는 경향이 있다. 왜냐하면 그들 중 다수는 고국에 있는 가족을 부양하는 데 송금할 돈을 벌기 위해 일하고 있기 때문이다. 이민은 한 나라의 연령 프로필을 젊게 만든다. 그리고 만약 이민자들이 정착을 허용받아 가족을 데려온다면, 그것 또한 더 나은 인구 구성을 촉진한다.

이민은 인구 고령화를 겪고 있는 나라에는 완벽한 해결책이지만, 이민이 주택, 일자리, 학교에 미칠 것으로 여겨지는 영향에 대해 지역사회가 엄청나게 저항하는 까닭에 가장 유독한 정치적 쟁점 중 하나가 되었다. 이전에 자주 그랬던 것처럼, 이민자들은 다른 정책 영역의 결점들을 메우는 희생양이 되고 있다. 그럼에도 불구하고 이민자들이 받는 특별대우에 관한 신화, 그리고 복지국가가 다른 시민들의 권리는 무시하고 이민자들의 요구에 우선권을 부여하는 방식에 관한 신화가 빠르게 커나가고 있다.

이민자에 대한 적대감 중 일부는 복지국가를 국가 공동체를 위한 하나의 배타적 특권으로 방어하고자 하는 욕구에서 비롯된다. 그러한 적대감 중 또 다른 일부는 이민자가 자신들의 일자리 경쟁과 임금에 미치는 영향에 대한 두려움에서 발생한다. 유럽 전역에서 반反이민 정당이 부상하면서 이민에 대한 담론이 달라졌고, 이민자의 유입을 막기 위한 방해물이 점점 더 많이 세워지고 있다. 그러나 이 문제는 쉽게 다룰 수 있을 것으로 보이지 않는다. 각국은 자국 국경을 지키거나 이민자들의 유입을 줄이는 데서 자신들이 그리 효과적이지 못함을 스스로 증명하고 있다. 각국은 이민자들을 너무나도 필요로 한다.

국경 개방 정책은 정치적으로 실행 가능하지 않을 것이다. 마찬가지로 국경 폐쇄 정책도 실행 불가능하고 잘못이고 반생산적일 것이다. 앞서 논의한 바와 같이, 모종의 관리 이민managed immigration 정책이 앞으로 나아가는 유일한 방법이다. 그리고 잠재적으로 관리 이민 정책은 특히 인구 고령화와 관련하여 복지국가에 가해지는 압력의 일부를 완화하는 데서 중요한 역할을 할 수 있다.

시장 자유지상주의적 의제는 아마도 비용을 절감하고 집단적 복지에 대한 지지를 약화시키기 위한 방법으로 국경 개방을 지지하게 될 것이다. 만약 이주노동자가 복지 혜택을 기대하지 않으면 그들은 그 혜택을 박탈당할 수 있는데, 이는 고용주에게는 비용을 절감하는 데 도움이 된다. 이를테면 고용주들은 연금에 돈을 지불할 필요가 없어질 것이다. 그런 다음 토착 노동자들이 자신이 저임금으로 일한다고 주장할 경우, 시장 자유지상주의자들은 저임금으로 일하지 않으려면 그들 역시 혜택을 포기하면 된다고 답할 것이다. 이런 식으로 복지국가는 높은 수준의 이민자들이 만들어내는 사회적 갈등에 의해 부채질을 받으면서 해체되기 시작할 것이다.

이 장에서 논의한 네 가지 과제는 모두 뿌리 깊은 문제로, 서로 결합하면서 다루기 힘든 많은 정책 딜레마를 야기한다. 보편적 복지국가의 원리에 대한 광범위한 지지를 다시 불러일으키기 위해서는 이러한 과제를 관리하는 방법을 찾아내는 것이 반드시 필요하다. 그러나 더더욱 필요한 것은 다시 한번 희망과 신뢰를 불어넣을 수 있는 비전이다.

제4장

———

복지국가의 미래

이 모든 과제에 직면한 복지국가는 살아남을 수 있을까? 살아남기 위해서는 바뀌어야 한다. 복지국가가 바뀐다는 것에 새로운 것은 없다. 복지국가는 지난 100년 동안 변화해 왔다. 우리 대부분은 복지국가가 없는 우리 사회를 상상할 수 없다. 복지국가를 해체하고 자신들의 혜택을 포기하는 데 투표할 시민은 거의 없을 것이다. 그러나 복지국가의 생존은 보장되어 있지 않다. 인간이 만들어낸 수많은 건조물처럼, 복지국가를 유지하고 개편하려는 정치적 의지와 능력이 사라지면 복지국가도 시들 것이다.

복지국가가 처음 생겨난 상황과 오늘날 복지국가가 작동해야 하는 상황은 크게 다르다. 당연한 반응 중 하나가 지금처럼 단단히 방어태세를 취하고 복지국가를 사수하는 것이다. 하지만 그것은 폴 피어슨이 복지국가의 다가오는 종말에 대해 가졌던 두려움을 현실로 만들 것이다.

그러나 정반대의 극단 또한 경계해야 한다. 너무 많은 변경이나 잘못된 종류의 변경은 해를 끼칠 수도 있다. 가치 있는 많은 것이 부주의로 인해 손실될 수 있다. 복잡한 네트워크, 제도, 문화를 지닌 복지국가는 내버려져야 할 것이 아니라 향유하고 찬양해야 할 풍부한 유산이다.

북유럽 사회민주주의 국가들은 어떻게든 자신들의 복지국가를 점진적으로 그리고 상당한 정도의 합의에 입각하여 개편해 왔다. 다른 복지국가들의 경우에는 합의 수준이 그리 높지 못했다. 그리고 일단의 제도적 구조가 다른 일단의 제도적 구조로 대체됨에 따라 변화가 종종 가파르거나 반대에 직면하거나 반복해서 전도되기도 했다.

때때로 중요한 재편이 요구되기도 하지만, 실제로 재구조화가 이루어지는 것은 가능한 한 폭넓은 합의에 도달했을 때뿐이다. 근본적으로 분열되어 있고 매우 불평등하며 복지국가 관념이 끊임없이 공격받는 사회에서 그러한 합의가 이루어지기란 쉽지 않다. 그런 사회에서는 신뢰 하락과 지지 쇠퇴라는 하강 소용돌이가 발생할 수도 있다.

복지국가는 살아남을 수 있는가

복지국가와 관련하여 불가역적인 것은 없다. 국가가 하나의 독점체인 적은 결코 없었고, 독점체가 되는 것도 바람직하지 않다. 복지는 서로 다른 많은 방법으로 제공될 수 있다. 복지국가가 살아남지 못한다고 해서 복지가 살아남지 못하는 것은 아니다. 그러나 복지가 훨씬 더 뒤죽박죽될 것이고, 많은 틈새가 생길 것이며, 자원봉사 부문에, 그리고 다시 한번 더 가정에 훨씬 더 의존하게 될 것이다.

어떤 사람들은 부유한 탈산업 사회에서는 그러한 비국가 복지 방식이 문제에 대처하는 더 나은 방법이 되고 있는지에 대해 궁금해 한다. 오늘날 유행하는 한 레토릭은 고임금, 저세금, 저복지 사회를 우리가 가야 할 길이라고 선언하고 있다.

존 힐스John Hills가 지적했듯이, 복지국가가 직면하고 있는 가장 큰 문제 중 하나는 복지국가에 대한 우리의 이해가 부족하다는 것과 사회의 최빈층을 위한 자산조사 소득 지원과 복지를 동일시한다는 것이다.[1] 복지국가가 이렇게 위축된다면, 우리는 그 전투에서 지고 말 것이다.

그러므로 복지국가가 생존하기 위한 주요 조건 중 하나는 복지국가가 수행하는 다양한 기능을 훨씬 더 폭넓게 이해하는 것이다. 복지국가는 자본주의를 훼손하기는커녕 자본주의의 성공에 필수적인 요소였다. 모든 자본주의 경제는 일정한 발전 단계에 이르렀을 때 복지국가를 손에 넣었고, 오늘날의 신흥 강국들도 같은 길을 걷기 시작하고 있다.

중국인들은 시장경제의 불안정에 맞서 주민들이 과도하게 저축하는 것에 대응하기 위해 복지안전망을 도입하기 시작했다. 국가를 통해 복지를 조직하는 것은 많은 목적 ─ 정당성, 국가 건설, 현대화, 사회적 평화, 빈곤 구제, 사회적 투자, 위험 공유, 재분배, 사회 정의를 포함하여 ─ 에 기여한다. 복지국가는 도덕가들뿐만 아니라 사회공학자들에게도 매력적이다.

그러나 복지국가는 결코 자본주의를 대체하도록 설계되지 않았다. 스타인 링엔Stein Ringen이 지적한 바와 같이, 일반적으로 복지국가는 근본적으로 사회를 바꾸지 않으면서 개인과 가족이 사는 환경을 바꾸려는 시도였다.[2] 복지국가는 자신이 성공한 곳에서 자본주의를 민주주의와 양립할 수 있게 개혁하는 데 일조했다. 복지국가는 자본주의 경제의 번영과 지속적인 수익성에 의존하는 반면, 자본주의 경제는 복지국가에 의존하게 되었다.

복지국가와 자본주의 간에는 창조적 긴장이 존재한다. 각각은 서로를 필요로 한다. 때때로 1970년대에 그랬던 것처럼, 그리고 오늘날에도 다시 그러하듯이, 그러한 긴장이 커질 수 있다. 그럴 경우 우파와 좌파 양측 모두에서 많은 사람이 자본주

복지국가는 살아남을 수 있는가

의와 복지국가 간에 창조적 긴장 관계는 작동할 수 없으며 조만간 자본주의가 자신이 짊어지고 있는 부담에서 벗어나고 싶어 할 것이라고 주장하고 나설 것이다.

복지국가는 성숙한 자본주의적 민주주의 국가의 필수적인 부분이 되어버렸다. 따라서 질문을 돌려서 복지국가가 파괴되면 자본주의가 살아남을 수 있는가라고 묻는 것 역시 타당하다. 사람들은 자주 자본주의를 길들여지지 않는 역동적인 경제체계로, 사회적·정치적 제도를 끊임없이 혁명적으로 변화시키고 그러한 변화를 (사회와 개인이 좋아하든 싫어하든 간에) 사회와 개인에게 강요하는 것으로 여겨왔다. 자본주의는 파괴적인 동시에 창의적이기도 하지만, 자본주의의 파괴적인 측면이 너무 지배적이게 되면 모든 사람이 패배한다.

복지국가는 혁신과 경쟁의 부정적인 측면들을 안정시키고 교정하는 데 일조해 왔다. 복지국가는 또한 이를테면 여성의 노동시장 진입을 돕고, 건강과 교육을 극적으로 향상시키고, 경제가 생산하는 재화와 서비스에 대한 수요를 창출하는 등 자본주의를 점점 더 새로운 방향으로 추동해 왔다. 많은 전통적인 경제 담론들은 여전히 공공 부문을 비생산적인 것으로 생각하고, 민간 부문만을 부의 창조자로 생각한다. 그러나 국가의 역할은 그것보다 훨씬 더 적극적이다.

국가와 시장의 상호 침투는 국가와 시장이 서로 없이는 기능할 수 없다는 것을 의미한다. 많은 공공 지출은 기업이 번창할 수 있는 조건을 창조한다. 자본주의는 역동적인 경제체계이지만, 그 체계가 역동적인 까닭은 오직 자본주의적 시장 바깥에 자본주의가 재생산되는 조건들을 마련해 주는 기능을 수행하는 제도들이 존재하기 때문이다.

복지국가의 미래에 관한 전망은 부분적으로는 복지국가가 자본주의를 위해 그러한 기능을 계속해서 수행하여 인간의 복리를 심화시키는 새로운 혁신 방법을 찾고 사회적 투자와 사회적 보호를 위한 새로운 길을 열 수 있는지에 달려 있다. 빈곤과 의존성을 철폐하는 것도 여전히 복지국가의 중심 목표로 남아 있다.

비판자들은 기성 복지국가는 의존성을 만들어내며 그러한 의존성을 없애는 데에는 전혀 관심이 없다고 주장한다. 복지국가가 너무나도 보수화되어 현대화를 중단할 경우, 그러한 위험이 발생할 가능성이 있다. 복지국가가 모든 시민을 자립적이고 독립적일 수 있게 할수록 복지국가는 성공하지만, 그것을 이룩하기 위해서는 복지국가가 시민들에게 투자하는 동시에 시민들을 보호해야 한다. 이 두 전략 중 하나에만 의존하는 것은 효과가 없을 것이다. 현대 복지국가는 빈민을 돕기 위한 재분배와 다수를 위한 보편적 서비스에 대한 투자를 날카롭게 구분하는 사고방식에서 벗어나야 한다.

어떻게 하면 그렇게 할 수 있는가? 21세기에 복지국가의 한계를 뛰어넘기 위한 노력이 경주되는 가운데 여러 급진적인 아이디어들이 제시되었다. 복지국가를 해체하는 데로 정치적 지지를 결집시키기가 어렵다는 것이 판명 났지만, 그러한 급진적 아이디어들이 정치적으로 지지받게 만드는 것은 훨씬 더 어렵다. 새로운 불경기는 그냥 기존의 것이나 방어하라고 유혹하지만, 그것만으로는 충분하지 않을 것이다. 새로운 개혁 모멘텀을 확립하지 못하면 복지국가는 영구적인 교착 상태와 타성에 굴복할 위험이 있으며, 그럴 경우 결국에는 복지국가가 붕괴되고 말 수도 있다.

이 문제에 접근하는 한 가지 방법은 처음에 제기된 질문으로 돌아가는 것이다. 복지국가는 어느 지점에서 복지국가이기를 중단하는가? 선진 자본주의적 민주주의 국가에서 국가가 복지 제공에 대한 모든 관여를 중단한다는 것은 상상하기 어렵다. 그러나 만약 복지국가가 위축되어 자산조사에 따른 소득 지원이라는 기본적인 안전망밖에 제공하지 않는다면, 20세기를 경과하며 깨달은 바와 같이, 그것은 더 이상 복지국가일 수 없을 것이다. 이는 국가의 복지 제공이 다시 한번 시장에 종속되고 대부분의 영역에서 복지 공급자가 국가에서 자선단체와 가족으로 대체될 것임을 의미한다.

복지국가가 존재하려면, 시장 저편에 하나의 영역이 만들어져야 한다. 에스핑-안데르센의 통찰은 정확하다. 그의 말대로 시장을 지원하지만 시장에 의해 지배되지 않는 영역이 존재해야 한다. 다시 말해 노동과 인간 욕구의 '탈상품화'가 허용되고 개인이 시장에서 거둔 성과보다 개인이 갖는 사회적 권리의 우선성을 인정하는 영역이 있어야 한다.[3]

오늘날 세계에서 이 비전을 소생시키기 위한 첫 번째 요건은 기본소득basic income을 달성하기 위한 전략을 개발하는 것이다. 기본소득은 기여도나 욕구와 무관하게 자산조사 없이 모든 시민에게 최소한도 수준의 지원을 보장하는 것을 목적으로 한다. 이 기본소득은 무조건적으로 제공될 수도 있고, 보육이나 자원봉사와 같은 사회적으로 유용한 활동에 참여한다는 것을 보여주는 증거에 의존할 수도 있다. 두 가지 방법 모두를 지지하는 사람들도 있다.

하지만 기본소득의 근저에 깔려 있는 기본 전제는 어떤 개인도 유급 고용에서 파생되는 소득에 의존하여 자신의 기본 욕구를 충족시킬 것을 강요받지 않는 사회를 만드는 것이다.[4] 기본적인 최소한도를 결정하는 것은 필수적인 조치이다. 개인들은 유급 고용에 참여함으로써 그러한 최소한도 이상으로 더 많은 돈을 벌 수 있지만, 그렇게 하도록 강요받지는 않는다.

개인이 노동의 의무로부터 해방될 수 있다는 관념은 게으름을 조장할 것이라는 두려움 때문에 심한 문화적 저항에 부딪힌다. 그러나 이를 논박하는 사람들은 개인들이 자신의 삶의 모든 단계에서 기본적인 보호를 받을 것임을 알려주는 증서를 가진다면 시장경제가 훨씬 더 잘 작동할 것이라고 주장한다. 이미 자산이 풍부하고 소득이 많은 가구에서도 개인들은 똑같이 열심히, 또는 더 열심히 일한다. 그러나 그들은 기회를 이용하고 실험을 할 수 있는 시간과 공간을 가지고 있다. 기본소득의 안전망은 개인들이 선택할 수 있는 범위와 그들이 전념할 일을 찾는 기회를 넓히는 데 도움을 준다.

복지국가는 기본소득을 제공하는 쪽으로 발전해 왔다고 볼 수도 있다. 역逆소득세[Negative income tax[저소득자에게 정부가 지급하는 보조금_옮긴이], 세액공제, 최저생활임금 ─ 이것들 모두는 기본소득을 향해 나아가는 조치이다. 그 비용은 때때로 상상되는 것보다 적다. 왜냐하면 기존의 많은 복지급여가 기본소득 안으로 들어오고, 또한 유급 일자리를 가진 사람들이 기본소득에 대한 세금을 낼 것이기 때문이다. 대규모 이전과 그에 따른 높은 과세의 이점을 수용하는 정치문화가 요구될 것이지만, 북유럽 복지국가는 그러한 정치문화가 효율적이고 번영하는 시장 경제와 어떻게 양립할 수 있는지를 이미 증명해 왔다.

사회적 화합, 낮은 불평등, 그리고 높은 신뢰가 가져다주는 이득—이러한 이득은 현재의 복지국가와 복지국가에 대한 정치적 지지를 약화시키는 많은 분열을 극복하게 해준다—은 복지국가를 매력적인 장치로 만든다. 불평등이 훨씬 더 고착화되어 왔고 복지국가가 훨씬 더 잔여적이고 세율이 상대적으로 낮은 사회에서는 기본소득으로 나아가는 데서 훨씬 더 큰 어려움들에 직면한다. 그러나 그 목적을 향해 나아가기 위해서 점증적인 변화를 꾀하는 것은 여전히 가능하다. 그리고 일단 보편적 복지제도가 확립되고 나면, 공공 의료 서비스와 의무 의료 보험의 사례가 증명하듯이, 보편적 복지제도의 인기는 논박의 여지가 없어질 것이다.

기본소득 관념을 중심으로 정치 연합을 구축하면 일하는 사람들—일을 할 수 없거나 일자리를 찾지 못하는 사람들을 지원하는 데 기여금을 내는 사람들—이 느끼는 분노를 종식시키는 데에도 도움을 줄 것이다. 모든 사람에게 기본소득을 지급하면, 현재 먹고살기에 충분한 보수를 지급하지 않는 많은 일자리로도 노동자가 다시 돌아갈 수 있을 것이다.

이와 관련하여 제안된 아이디어 중 하나가 상속세에서 자금을 조달하여 특정 연령에 도달한 모든 시민에게 자본 보조금

capital grant을 지급하는 것이다. 이러한 방식을 도입하면 자본의 일부가 모든 젊은이에게 재순환될 것이고, 그것은 자산 소유의 엄청난 불평등―이는 삶의 기회에 심대한 영향을 미친다―을 줄이는 데 도움이 될 것이다.

이 보조금의 용도가 조건부여야 하는지 무조건적이어야 하는지, 그리고 몇 살에 지급해야 하는지에 대해서도 똑같은 논쟁이 있어왔다. 그러나 조사연구에 따르면, 초기 보조금 액수가 많을수록 무분별하게 사용되기보다는 현명하게 사용될 가능성이 더 컸다.[5] 보조금이 조건부로 지급되면, 그 보조금은 주택 구입, 소기업 창업, 또는 훈련과 추가 교육 등 승인된 방식으로만 지출되어야 할 것이다.

이러한 보조금 지급의 목적은 18세기의 톰 페인Tom Paine에게까지 거슬러 올라가는 오래된 관념에 기반하는 것으로, 모든 사람은 독립적인 존재가 될 수 있는, 그리고 자신의 최고의 생애 과정을 추구할 수 있는 수단을 가져야 한다는 것이다.

기본소득과 자본 보조금은 모두 개인에게서 자립성과 독립성을 높이고 선택과 포부의 폭을 넓히며 오명을 쓰거나 사기를 떨어뜨리는 형태의 의존성을 제한하기 위해 설계되었다. 북유럽 복지국가의 적극적 노동시장 정책active labour market policy[노동시장의 문제를 시장에 맡기는 것이 아니라 정부가 나서서 해결하려는 정책_옮긴이)은 완전 고용이 보편적 복지국가의 필수적 토대임을 당연한 것으로 여긴다면, 기본소득과 자본 보조금은 실직으로 부터 오명을 제거한다.

기본소득의 장점은, 대부분의 개인이 더 높은 소득, 경력, 기회, 지위를 제공하는 민간 또는 공공 부문에서 일자리를 가지기로 선택할 것이지만, 기본소득이 주어진다면 일부 개인은 특정한 일이 지닌 본질적인 매력이나 자신의 만족감 때문에 무급 직업을 추구하기로 선택할 수도 있다는 것이다. 소수의 개인은 게으름 피우기를 선택할 수도 있지만, 자유 사회에서는 그것 역시 정당한 선택지의 하나이다. 모든 사람이 기본소득을 하나의 사회적 권리로 제공받을 것이기 때문에, 그러한 제도를 뒷받침하는 정치적 합의가 광범위하게 진전될 수 있을 것이다.

복지국가의 발전을 가로막는 가장 큰 장애물은 누가 복지급여를 받을 자격이 있고 누가 받을 자격이 없는지를 놓고 벌어지는 시민들 간의 분열과 분노이다. 복지국가의 기저에 깔려 있는 원래의 추동력—평등한 시민적 권리, 정치권 권리, 사회적 권리에 기초한 민주적 시민권의 창조—으로 되돌아가는 것이 복지국가를 보존하고 확장하기 위한 정치 연합을 새롭게 하는 데 도움이 될 것이다.

기본소득과 자본 보조금만이 우리를 거기에까지 가게 할 수 있다. 기본소득과 자본 보조금의 옹호자 중 일부는 복지국가가 모든 시민에게 자립하고 독립할 수 있는 수단을 제공하는 것으로 국가의 책임은 끝난다고 생각하기도 한다. 일부 시장 자유지 상주의자들은 기본소득을 계속해서 증가하는 국가의 임의적 개입을 줄이는 방법으로 바라보는 관념에 끌린다. 그러나 그러한 임의적 개입을 줄이는 것도 중요한 목표의 하나이기는 하지만, 모든 것을 개인에게 맡길 수는 없다.

사회는 그렇게 작동하지 않으며, 사회가 그러한 방식으로 작동하게 만들려고 노력하는 것은 결국에는 불평등과 갈등의 증가로 귀착된다. 여전히 사회적 투자와 사회적 보호라는 중요한 역할이 남아 있다. 복지국가는 보건이나 교육, 사회적 돌봄 서비스의 질에 무관심할 수 없다. 교육과 훈련을 통해 모든 개인에게 자신의 기술과 소질을 개발하고 능력을 발견할 수 있는 기회를 제공하는 것은 기본소득 전략에 필수적인 보완책 중 하나이다.

모든 서비스가 국가에 의해 제공되어야 하는 것은 아니지만, 국가는 적절한 질과 양의 서비스를 이용할 수 있게 하고 서비스를 이용하는 사람들의 욕구에 적절히 부응하는 데서 중요한 역할을 해야 한다. 그러한 서비스 중 많은 것이 유럽 제3의 길의 사회투자국가social investment state — 평생학습과 아동 투자를 중시하는—실험이 시도한 긍정적인 의제를 반영하고 있으며, 당시 개발된 창의적 사고 중 많은 것은 구축되고 확장될 필요가 있다.

　사회적 투자는 사회적 보호와 동행할 필요가 있다. 종래의 사회적 위험 및 새로운 사회적 위험으로부터 개인을 보호하기 위해서는 시민들이 그들 자신을 돌보고 자신이 마주하는 환경과 기회에 적응하는 것을 도와야 할 뿐만 아니라, 콜린 크라우치Colin Crouch와 마틴 쿤Martin Keune이 주장해 온 것처럼, 그러한 환경과 기회를 적극적으로 틀지어야 한다.[6] 이 복지국가 개념에 따르면, 복지국가가 시장을 대신하지 않게 할 뿐만 아니라 시장에 의존하지 않게 하기 위해서는 복지국가와 시장경제를 분리시키고 둘 간에 창조적 긴장을 조장할 필요가 있다.

　국가의 임무는 개인이 직면한 위험에 대처할 수 있도록 하는 것뿐만 아니라, 그러한 위험을 발생시키는 상황을 틀 짓기 위해 노력하는 것이다. 그 일을 하는 가장 좋은 방법은 완충장치를 제공하고 현대 경험의 핵심에 자리하고 있는 불확실성의 일부를 제한하는 제도와 규칙을 지원하는 것이다. 개인은 최대한 자유롭게 스스로 선택할 수 있어야 하지만, 그렇게 하는 것이 가능하기 위해서는 시장과 금융기관, 대기업의 운영방식이 만들어내는 불확실성으로부터 개인을 얼마간 집단적으로 보호할 필요가 있다.

이를 위해 국가는 아래의 영역들에 개입하여 다음과 같은 조치를 취해야 한다. (1)노동시장을 적극적으로 규제하여, 개인에게 고용의 권리를 보장하고, 개인이 노동조합에 가입할 수 있게 해주어야 한다. (2)금융시장을 규제하여, 2008년의 금융 붕괴에 앞서 목격된 많은 악폐를 폐지하고, 통제되지 않은 금융 흐름이 초래하는 불안정화 효과를 방지해야 한다. (3)주택시장을 규제하여, 치솟는 주거비용을 방어해야 한다. 그리고 (4)기업을 규제하여, 기업지배구조를 개선하고 다양한 이해관계자들이 기업의 운영방식에 관여하는 방법을 찾아내는 것은 물론, 다양한 형태의 기업 소유와 다양한 유형의 기업 조직을 지원해야 한다.

정치적·경제적으로 좋지 않은 상황에서도 복지국가의 생존에 요구되는 광범위한 사회적 합의를 재건하기 위한 전략을 다각도로 모색할 필요가 있다. 불평등의 증가는 사회적 화합을 저해하고 사회이동을 제약할 위험이 있다. 아무 조치도 취하지 않는다면, 불평등이 민주주의 시대가 도래하기 이전에도 보지 못했던 수준으로 돌아갈지도 모른다.

토마 피케티Thomas Piketty, 토니 앳킨슨Tony Atkinson 등은 빈자와 부자 간에 벌어지고 있는 격차를 도표화해 왔다.[7] 그들의 데이터 세트는 제1차 세계대전 이전의 황금시대에 불평등이 어떻게 최고조에 달했는지를 보여준다. 그 후 두 차례의 세계대전을 거치고 전후 시대에 확대된 복지국가가 확립된 결과, 불평등의 격차는 급격히 좁혀졌다. 하지만 1970년대의 스태그플레이션 위기 이후 불평등이 다시 증가하기 시작했다. 그 증가 추세는 특히 앵글로-자유주의적 복지 체제에서 현저했으며, 북유럽과 조합주의적 복지국가에서 더 약했다.

복지국가는 다양한 수준의 불평등과 양립할 수 있으며, 불평등을 완전히 없애는 것은 결코 복지국가의 목적 가운데 하나가 아니었다. 그러나 복지국가를 구축하는 이유 중 하나는 삶의 기회를 보다 평등하게 만들고, 사회적 최소한도를 제공하고, 모든 사람이 시민적 권리, 정치적 권리, 사회적 권리를 누리는 공동의 시민권을 창출하는 것이다. 이것이 그간 복지 체제의 핵심 교의 중 하나였다.

서구 사회에서 다시 널리 퍼지고 있는 불평등 수준은 복지국가의 핵심을 이루는 협약에 타격을 가한다. 부자들이 훨씬 더 부유해짐에 따라, 그들은 자신들이 살고 있는 사회로부터 점점 더 분리되었고, 많은 부자가 더 이상 세금 면에서 그리 큰 기여를 하지 않고 있으며, 모든 시민을 위해 집합적으로 제공되는 서비스를 이용하지 않는다. 그들은 자신들만의 병원, 학교, 가게, 그리고 외부인 출입 제한 주택지를 가지고 있다.

불평등은 복지국가의 모든 쇄신에 또 다른 과제를 제기한다. 그것이 바로 부국과 빈국 간의 불평등이다. 이를 보여주는 징후 중 하나가 밀려오는 이민의 조류이다. 부유한 나라에 입국하기 위해 노력하는 경제적 이민자와 망명 신청자들의 수가 급격히 증가해 왔다. 그것은 격렬한 정치적 반발을 불러일으켰고, 복지 체제의 종류와 무관하게 유럽 여러 나라에 포퓰리즘적인 반이민 정당을 등장시켰다. 그러한 정당으로는 스웨덴의 민주당, 핀란드의 핀인당True Finns, 네덜란드의 자유당Party for Freedom, 프랑스의 국민전선Front National, 영국 독립당UK Independence Party, 이탈리아의 북부동맹Northern League 등을 들 수 있다.

많은 부유한 민주주의 국가에서 증대하고 있는 인종 분열은 포괄적이고 보편적인 복지국가를 유지하는 데 필요한 연대를 위협한다. 자국 시민이 누리는 복지국가 서비스와 혜택에 이민자들이 접근하지 못하도록 배제하는 방안들이 모색되고 있으며, 특히 불황기에는 이민자들이 경제에서 출현하는 모든 병폐의 희생양이 되고 있다.

복지국가는 국민국가와 함께 발전했고, 복지국가에 대한 정치적 합의는 국가 공동체 내에서 구축되었다. 각국 정부가 계속해서 고임금과 관대한 복지국가를 누릴 권리를 포함하여 국경과 자국 시민의 권리를 수호하라는 큰 압력을 받는 것은 놀라운 일이 전혀 아니다.

국제적으로 존재하는 분열은 국민국가 내에 존재하는 분열을 더 넓은 시각에서 바라보게 한다. 이 과업의 규모는 어찌할 도리가 없다고 생각하게 할 수도 있다. 유럽연합은 자신들의 경계 내에서 국가 간 이전을 조정하는 데서 작은 진전을 이루었을 뿐이다. 국가 간 이전cross-national transfer을 전 세계적으로 조직화하는 과업은 한층 더 벅차다. 하지만 세상은 변하고 있고, 기후변화와 같은 공동의 문제들에 대처하기 위한 공동 행동의 필요성은 다른 영역에서의 협력을 촉진하는 데 도움이 될 수 있다.

부유한 나라들이 누리는 보호를 확대하는 것이 모든 사람에게 가져다주는 이익은 분명하다. 그러나 그렇게 할 수 있는 수단은 그리 확실하지 않다. 첫걸음은 국민국가 내에서 복지국가에 대하여 다시 새롭게 정치적으로 합의하는 것이다. 그러나 만약 그 합의가 세계의 나머지 나라들에 대한 방어적인 태세로 이어진다면, 자멸하게 될 것이다. 그러한 정치적 합의가 선진 복지국가의 모범적 관행을 다른 나라로 확대하고 더 평등한 세상을 만드는 방법을 모색하는 하나의 단계로 간주되어야만 장기적으로 각국의 복지국가가 안정될 수 있을 것이다.

복지국가는 시민권을 모두에게 확대하는 오랜 프로젝트의

일부이다. 젠더 평등이나 세대 평등 같은 영역에서 기본적인 공정성을 확보하기 위한 투쟁이 끝나려면 아직도 멀었다. 하지만 우리가 지금 불평등의 증가, 긴축 정치, 기후변화라는 문제에 봉착한 상황에서, 우리는 그 투쟁을 보다 지속가능한 경제를 건설해야 하는 과제와 연결시킬 필요가 있다.

이러한 노력을 경주하기 위해서는 새로운 연합을 구축하고 새로운 정치와 새로운 주장을 개발할 필요가 있다. 응집적인 강한 민주주의 국가의 버팀목 역할을 하는 포괄적인 복지제도에 기초하여 보다 지속가능한 사회를 건설하기 위해 노력하는 도덕적 입장은 매우 강력한 주장 중 하나이다. 우리를 괴롭히는 모든 병폐를 해결하기 위한 조치를 취하려는 실천적 입장 역시 주목할 만하다. 장애물은 크지만, 주어지는 상 역시 크다.

더 읽을거리

크리스토퍼 피어슨Christopher Pierson, 프랜시스 G. 캐슬스 Francis G. Castles, 그리고 잉겔라 K. 노이만Ingela K. Neumann이 편집한 『복지국가 선집The Welfare State Reader』(Cambridge: Polity, 2014)은 아주 좋은 출발점이 되는 책이다. 이 책은 T. H. 마셜T. H. Marshall, 리처드 티트머스Richard Titmuss, 클라우스 오페Claus Offe 등 많은 학자로부터 따온 고전적 읽을거리 및 현재의 논쟁과 관점을 한데 모아놓았다.

요스타 에스핑-안데르센Gøsta Esping-Andersen의 『복지 자본주의의 세 가지 세계The Three Worlds of Welfare Capitalism』(Cambridge: Polity, 1990)는 폴 피어슨Paul Pierson이 편집한 『복지국가의 새로운 정치The New Politics of the Welfare State』(Oxford: Oxford University Press, 2001)와 크리스 피어슨Chris Pierson의 『복지국가를 넘어서: 복지의 신정치경제학Beyond the Welfare State: The New Political Economy of Welfare』(Cambridge: Polity, 1998)과 함께 필독

복지국가는 살아남을 수 있는가

서이다.

복지국가를 비교연구한 책 중에서 최근에 출간된 것으로는 키스 반 커스버겐Kees van Kersbergen과 바바라 비스Barbara Vis의 『비교 복지국가 정책Comparative Welfare State Policies』(Cambridge: Cambridge University Press, 2014), 콜린 헤이Colin Hay와 대니얼 윈콧Daniel Wincott의 『유럽 복지 자본주의의 정치경제학The Political Economy of European Welfare Capitalism』(London: Palgrave-Macmillan, 2012), 안톤 헤머레이크Anton Hemerijck의 『변화하는 복지국가Changing Welfare States』(Oxford: Oxford University Press, 2013)가 탁월하다.

복지국가의 정치에 대한 중요한 연구로는 존 힐스John Hills의 『좋은 시절과 나쁜 시절: 그들과 우리의 복지 신화Good Times Bad Times: The Welfare Myth of Them and Us』(Bristol: Policy Press 2015)와 피터 테일러-구비Peter Taylor-Goby의 『복지국가의 이중 위기와 그것에 대해 우리가 할 수 있는 일The Double Crisis of the Welfare State and What We Can Do About It』(London: Palgrave-Macmillan, 2013)을 보라.

복지국가에 대한 페미니즘적 분석으로는 특히 캐럴 페이트먼Carole Pateman의 『여성의 무질서: 민주주의, 페미니즘, 정치이론The Disorder of Women: Democracy, Feminism, and Political Theory』

(Cambridge: Polity, 1989), 루스 피어슨Ruth Pearson과 다이앤 엘슨Diane Elson의 「영국 금융 위기의 영향 초월하기: 계획 F를 향하여 - 페미니즘적 경제 전략Transcending the impact of the financial crisis in the United Kingdom: towards plan F - a feminist economic strategy」, ≪페미리스트 리뷰Feminist Review≫ 109(2015), 8~30쪽을 보라.

새로운 사회적 위험에 대해서는 구이리아니 보놀리Guiliani Bonoli의 「신사회정책의 정치The politics of the new social policies」, ≪정책과 정치Policy and Politics≫ 33:3(2005), 431~449쪽을 보라.

기본소득에 대한 핵심 텍스트로는 필립 판 파리즈Philippe van Parijs의『모두를 위한 진정한 자유: 자본주의를 정당화할 수 있는 것은 무엇인가?Real Freedom for All: What (If Anything) Can Justify Capitalism?』(Oxford: Oxford University Press, 1995)를 보고, 자본보조금에 대한 주장을 웅변적으로 펼치고 있는 책으로는 브루스 애커먼Bruce Ackerman과 앤 앨스톳Anne Alstott의『이해관계자 사회The Stakeholder Society』(New Haven, CT: Yale University Press, 2008)를 보라.

현시점에서 불평등과 관련해서는 토마 피케티Thomas Piketty의『21세기 자본Capital in the Twenty-First Century』(Cambridge, MA: Harvard University Press, 2014)과 앤서니 B. 앳킨슨Anthony B.

Atkinson의 『불평등Inequality』(Cambridge, MA: Harvard University Press, 2015)에서 가장 좋은 시사점을 받을 수 있을 것 같다.

이미 50여 년 전에 제임스 미드James Meade는 『효율성, 평등, 재산 소유권Efficiency, Equality and the Ownership of Property』(London: Allen & Unwin, 1964)에서 현재 우리가 씨름하고 있는 쟁점 중 많은 것을 품격 있고 예리하게 다룬 바 있다.

미주

1 John Hills, *Good Times, Bad Times: The Welfare Myth of Them and Us* (Bristol: Policy Press, 2015).

2 Paul Pierson (ed.), *The New Politics of the Welfare State* (Oxford: Oxford University Press, 2001)를 보라. 그리고 금융 붕괴 이후에 대한 그의 평가로는 "The welfare state over the very long run," ZeS Working Paper, 02/2011, http://econpapers.repec.org/paper/zbwzeswps/022011.htm을 보라.

3 Anton Hemerijck, *Changing Welfare States* (Oxford: Oxford University Press, 2013), p. 25.

4 Colin Hay and Daniel Wincott, *The Political Economy of European Welfare Capitalism* (London: Palgrave-Macmillan, 2012).

5 Vivien Schmidt and Mark Thatcher (eds), *Resilient Liberalism in Europe's Political Economy* (Cambridge: Cambridge University Press, 2013).

제1장 복지국가의 삶과 시대

1 Nicholas Timmins, *The Five Giants: A Biography of the Welfare State* (London: HarperCollins, 2001).

2 Seymour Martin Lipset, *Political Man* (London: Heinemann, 1960).

3 F.A. Hayek, *The Road to Serfdom* (London: Routledge, 1944).

4 Karl Polanyi, *The Great Transformation: The Political and Economic Origins of Our Time* (Boston: Beacon Books, 2001).

5 Roger Bacon and Walter Eltis, *Britain's Economic Problem: Too Few Producers* (London: Macmillan, 1976).

6 Robert Skidelsky, *Politicians and the Slump* (London: Macmillan, 1967).

7 Gøsta Esping-Andersen, *The Three Worlds of Welfare Capitalism* (Cambridge: Polity, 1990).

8 Paul Pierson, *Dismantling the Welfare State? Reagan, Thatcher and the Politics of Retrenchment* (Cambridge: Cambridge University Press, 1994).

9 Anthony Giddens, *The Third Way: The Renewal of Social Democracy* (Cambridge: Polity, 1998); Anthony Giddens, Patrick Diamond, and Roger

Liddle(eds), *Global Europe: Social Europe* (Cambridge: Polity, 2006).

10 Claus Offe, "Some contradictions of the modern welfare state," *Critical Social Policy* 2:2(1982), 7~14.

11 Andrew Gamble, *Crisis without End? The Unravelling of Western Prosperity* (London: Palgrave-Macmillan, 2014).

12 Mark Blyth, *Austerity: The History of a Dangerous Idea* (Oxford: Oxford University Press, 2013).

제2장 복지 사상들의 전쟁

1 R.H. Tawney, *Equality* (London: Allen & Unwin, 1931).

2 Bo Rothstein, *Just Institutions Matter: The Moral and Political Logic of the Universal Welfare State* (Cambridge: Cambridge University Press, 1998).

3 Ruth Pearson and Diane Elson, "Transcending the impact of the financial crisis in the United Kingdom: towards plan F — a feminist economic strategy," *Feminist Review* 109(2015), 8~30; Carole Pateman, *The Disorder of Women* (Cambridge: Polity, 1989).

4 복지국가를 틀 짓는 데서 종교가 수행한 역할에 대해서는 Philip Manow and Kees van Kersbergen, *Religion, Class Coalitions and Welfare States* (Cambridge: Cambridge University Press, 2009)를 보라.

5 Robert Nozick, *Anarchy, State, and Utopia* (Oxford: Blackwell, 1974).

6 신자유주의 사상에 대한 분석으로는 Raymond Plant, *The Neo-Liberal State* (Oxford: Oxford University Press, 2010)를 보라.

7 F.A. Hayek, *The Constitution of Liberty* (London: Routledge, 1960).

8 스핀햄랜드 제도에 대한 분석으로는 Fred Block and Margaret Somers, *The Power of Market Fundamentalism* (Cambridge, MA: Harvard University Press, 2014), ch. 5를 보라.

9 Hills, *Good Times, Bad Times*.

제3장 복지국가의 네 가지 과제

1 Paul Posner and Jon Blöndal, "Democracies and deficits: prospects for fiscal responsibility in democratic nations," *Governance* 25:1(2012), 11~34.

2 Larry Summers, "US economic prospects: secular stagnation, hysteresis,

and the zero lower bound," *Business Economics* 49(2014), 65~73.

3   래퍼 곡선과 란 곡선에 대해서는 Daniel J. Mitchell, "Question of the week: what's the right point on the Laffer curve?," www.cato.org/blog/question-week-whats-right-point-laffer-curve를 보라.

4   Duane Swank, *Global Capital, Political Institutions, and Policy Change in Developed Welfare States* (Cambridge: Cambridge University Press, 2002); Dani Rodrik, *The Globalization Paradox: Why Global Markets, States and Democracy Can't Coexist* (Oxford: Oxford University Press, 2011).

5   특히 Peter Taylor-Gooby, *The Double Crisis of the Welfare State and What We Can Do About It* (London: Palgrave-Macmillan, 2013); Hills, *Good Times, Bad Times*를 보라.

6   Kees van Kersbergen and Barbara Vis, *Comparative Welfare State Policies* (Cambridge: Cambridge University Press, 2014).

7   Mike Power, *The Audit Society* (Oxford: Oxford University Press, 1997).

8   T.H. Marshall, Citizenship and Social Class(Cambridge: Cambridge University Press, 1950).

9   Richard Titmuss, *Commitment to Welfare* (London: Allen & Unwin, 1968).

10   Christopher Hood, David Heald, and Rozana Himaz(eds), *When the Party's Over: The Politics of Fiscal Squeeze in Perspective* (Oxford: Oxford University Press, 2014).

11   Andrew Geddes, *Immigration and the European Integration: Towards Fortress Europe* (Manchester: Manchester University Press, 2008).

12   Giuliani Bonoli, "The politics of the new social policies," *Policy and Politics* 33:3(2005), 431~449.

13   Milton Friedman, *Capitalism and Freedom* (Chicago: University of Chicago Press, 1962).

제4장 복지국가의 미래

1   Hills, *Good Times, Bad Times*, p. 13.

2   Stein Ringen, *What Democracy Is For: On Freedom and Moral Government* (Princeton, NJ: Princeton University Press, 2007).

3   Esping-Andersen, *The Three Worlds of Welfare Capitalism*.

4   Philippe van Parijs, *Real Freedom for All: What (If Anything) Can Justify Capitalism?* (Oxford: Oxford University Press 1995); "Basic income and the two dilemmas of the welfare state," *Political Quarterly* 67:1(1996), 63~66.

5   Julian Le Grand and David Nissan, *A Capital Idea: Start-Up Grants for Young People* (London: Fabian Society, 2000); Rajiv Prabhakhar, *The Assets Agenda: Principles and Policy* (London: Palgrave-Macmillan, 2008); Bruce Ackerman and Anne Alstott, *The Stakeholder Society* (New Haven, CT: Yale University Press, 2008).

6   Colin Crouch and Martin Keune, "The governance of economic uncertainty," in Giuliano Bonoli and David Natali(eds), *The Politics of the New Welfare State* (Oxford: Oxford University Press, 2012), 45~62.

7   Thomas Piketty, *Capital in the Twenty-First Century* (Cambridge, MA: Harvard University Press, 2014); Antony B. Atkinson, *Inequality* (Cambridge, MA: Harvard University Press, 2015).

찾아보기

책을 옮기고 나서

복지국가는 전후 서구 선진 국가의 상징이었다. 이론적으로 보더라도 복지국가는 민주국가라면 궁극적인 목적으로 지향해야 할 최고 발전 단계로 설정되었다. 따라서 선진 복지국가의 건설은 유권자의 마음을 훔치기 위한 모든 정치인에게 최고의 화두였다. 그럼에도 불구하고 이사야 벌린 상을 수상한 바 있는 영국의 저명한 정치학자 앤드루 갬블은 이 작은 책의 제목으로 "복지국가는 살아남을 수 있는가?"라는 도발적인 질문을 던진다.

하지만 복지국가에 조금이라도 관심이 있는 독자라면 이 질문이 1970년대 이후 복지국가가 살아남아서는 안 된다고 집요하게 주장해 온 시장 자유지상주의자들에 대한 반발이라는 것을 알고 있을 것이다. 그렇기에 갬블의 답은 당연히 "많은 결점에도 불구하고 복지국가는 사라지지 않을 것이며 장기적인 생존 전망을 강화하는 방식으로 개혁될 수 있다"라는 것이다. 갬블은 자신의 이러한 입장을 정당화하기 위해 복지국가가 어떻게 현재 상황에 도달했는지를 역사적으로 개관하고, 복지 및 복지국가를 둘러싼 담론들—사회주의적 입장, 보수주의적 입장, 시장 자유지상주의적 입장—을 요약하고, 복지국가가 현재 직면한 과제—비용 감당 가능성, 국제 경쟁력, 새로운 사회적 위험, 고령화—를 검토하고, 미래 개혁의 방향으로 '기본소득'과 '자본 보조금'을 제시한다.

갬블이 이 책에서 제시한 방향에 대해 독자는 여느 다른 논쟁들과 마찬가지로 입장이 갈릴 것이다. 번역서에서 역자의 몫은 독자들이 저자의 입장에 반대하거나 또는 그것을 비판적으로 바라보게 하기보다는, 저자의 입장을 따라가면서 책을 좀 더 쉽게 읽어나갈 수 있게 돕는 것이다. 이러한 의미에서 옮긴이는 저자의 논지를 벗어나지 않는 수준에서 복지국가 '생존' 논쟁의 맥락을 다시 한번 되짚어보고, 과연 우리에게 복지국가는 무엇이어야 하고 어떤 의미를 지니는지를 간략히 논급하고자 한다.

복지국가의 생존을 바라보는 시각은 '가치 지향의 체계'로서의 복지국가에 초점을 맞추는지 아니면 하나의 '제도 또는 수단'으로서의 복지국가에 초점을 맞추는지에 따라 크게 달라진다. 갬블은 이 책에서 복지국가의 이상은 "모든 시민이 완전한 자아실현을 달성하는 것"이라고 말한다. 하지만 이는 현실에서 결코 실현될 수 없다. 하지만 그렇다고 복지국가의 이상이 폐기될 수는 없다. 왜냐하면 그러한 이상은 역설적이게도 '인간의 완전성의 꿈'이 실현되지 않는 현실이 만들어낸 본원적 가치이고 그 가치를 폐기하는 것은 곧 인간의 삶 — 그리고 현실의 고통도 감수하게 하는 우리의 삶 — 의 원동력인 '희망'마저 박탈하는 것이기 때문이다. 따라서 복지국가를 가치 지향의 체계로 바라보는 사람들에게 복지국가는 살아남아야만 하는 당위적 존재의 성격을 지닌다. 복지국가는 현실의 어려움 속에서도 끝없이 추구해야만 하는 하나의 이상이다.

복지국가의 생존 문제가 논란의 대상이 되는 것은 복지국가를 하나의 수단 또는 제도로 바라보는 경우이다. 제도로서의 복지국가에는 그 성과만큼이나 한계와 결함 또한 존재하기 때문이다. 가장 대표적으로 거론되는 복지국가의 결함은 '국가의 재정 위기'와 '복지 의존성'의 문제이다. 시장 자유지상주의자들은 더 적은 세금을 내고 더 많은 서비스를 받기를 원하는 시민들의 욕구는 복지국가를 심각한 재정 압박에 봉착하게 할 것이고 그리하여 결국 복지국가는 살아남지 못하게 될 것이라고 전망한다. 그리고 일부 극단적인 시장주의자들은 비생산적이고 자본주의 경제의 기생충이기도 한 복지국가는 폐지되어야 마땅하다고 주장하기까지 한다.

그러나 제도로서의 복지국가가 지닌 결함이 복지국가 폐지의 논거가 될 수는 없다. 이를테면 노련한(?) 도둑에 의해 고급 자물쇠가 열렸다고 해서 아예 자물쇠를 없앨 수는 없지 않은가! 필요한 것은 더 좋은 자물쇠를 만드는 것이다. 다른 한편으로는 현재까지 복지국가가 자본주의를 재생산하는 데서 수행해 온 역할 또한 무시할 수 없다. 특히 복지국가가 보수주의자 비스마르크에 의해 유산자와 사회주의자 모두의 반대에도 불구하고 자본주의를 보호하기 위한 하나의 장치로 도입되었다는 사실에 주목해야 한다. 또한 현재 복지국가의 재정 위기를 가속화시킨 '일자리 파괴'는 자본주의가 추구한 생산지상주의적 성장 전략의 산물임을 잊어서도 안 된다. 이는 복지국가의 생존만이 아니라 자본주의의 생존을 위해서도 복지국가를 단지 개혁하는 것을 넘어 확장할 것이 요구된다는 것을 의미한다.

갬블이 이러한 개혁과 확장의 방안의 하나로 검토한 것이 기본소득과 자본 보조금이다. 이 아이디어는 반대자들이 퍼뜨리는 신화처럼 놀고먹는 사람들의 천국을 만들어내려는 것이 아니라 시장에 의존하지 않고도 (에스핑-안데르센의 표현으로는 '탈상품화'된 상태에서도) 자아실현을 통해 삶의 행복감을 느끼며 살 수 있는 사회를 목표로 한다. 부자도, 부자가 아닌 사람도 모두 자신이 소망하는 삶의 가치를 실현할 수 있는 행복한 사회, 이

것이 바로 복지국가의 이상이기 때문이다. 과연 불행한 사람들에게 둘러싸인 부자들은 행복할 수 있을까? 놀고먹는 사람은 실제로 행복할까?

이처럼 복지국가는 하나의 제도이자 이상이기 때문에 복지국가를 실현하는 데에는, 갬블이 이 책에서 거듭 주장하듯이, 정치적 의지가 중요하다. 하지만 복지 정책에는 항상 포퓰리즘이라는 꼬리표가 따라다닌다. 이는 복지국가가 수립될 때부터 정치인들이 복지국가를 수단화해 왔기 때문이다. 복지를 둘러싼 포퓰리즘 논쟁에는 복지를 시혜로 바라보는 시각이 자리하고 있다. 이러한 시각은 말로는 국가복지를 통한 화합을 외치지만, 실제로는 시민들 간의 분열과 심지어는 분노를 불러일으킬 뿐이다. 선거 정치는 항상 이를 극명하게 실증한다.

복지국가는 시혜의 도구가 아니다. 그리고 시혜의 도구여서도 안 된다. 왜냐하면 민주적 복지국가에는 국민을 시혜자와 수혜자라는 두 시민으로 나눌 권한이 없기 때문이다. 복지국가의 국민은 항상 모두가 잠재적 시혜자이자 수혜자라는 의미에서 평등한 시민이다. 이런 의미에서 복지국가는 '사회의 안전망'이다. 그리고 안전망이어야 한다. 그리고 모든 시민이 그 안전망 안에 있어야 한다. 이것이 바로 복지가 수혜가 아닌 하나의 권리여야 하는 이유이다. 부에는 등급이 있을 수 있지만, 행복에는 등급이 있을 수 없기 때문이다. 그리고 이것이 바로 복지국가에 대한 사회적·정치적 합의를 가능하게 하는 토대이기도 하다.

옮긴이는 이 작은 책이 복지국가를 이해하는 길잡이가 되기를 바란다. 또한 복지국가를 자본주의의 논리가 아닌 그 자체의 논리로 이해하는 데 보탬이 되기를 소망한다. 그래야만 우리가 복지국가의 진정한 시민으로서의 자격을 얻을 수 있기 때문이다. 아마도 그러한 복지국가의 시민들이 강력한 정치적 의지와 결합할 때에만 우리는 복지국가의 언저리에나마 도달할 수 있을 것이다. 물론 그곳에도 한계와 결함은 있겠지만, 그곳에서라면 우리는 "복지국가가 살아남을 것인지"는커녕 "우리가 살아남을 수 있을지"를 걱정하는 지금보다는 더 행복한 꿈을 꾸며 밝은 표정으로 살아갈 수 있지 않을까? 지금으로서는 이 책이 우리에게 그러한 사회를 상상할 수 있게 하는 계기가 되었으면 하는 소박한 바람을 가져본다.

2021년
겨울을 재촉하는 밤비가 내리는 날
박 형 신

지은이

앤드루 갬블(Andrew Gamble)은 케임브리지대학교에서 정치학 박사학위를 받았다. 현재 셰필드대학교 정치학 교수이자 케임브리지대학교 정치학 명예교수이다. 영국학술원과 사회과학원 회원이다. 영국 정치, 정치경제, 정치사상에 관심을 가지고 연구하고 있다. 그 공과로 2005년에 이사야 벌린 상을 수상했다. 『유럽과 미국 사이에서』라는 저서로 W. J. M. 매킨지 상을 받았다. 저서로 *Crisis Without End?* (2014), *The Spectre at the Feast* (2009), *Between Europe and America* (2003), *Hayek: The Iron Cage of Liberty* (1996) 등이 있다.

옮긴이

박형신은 고려대학교 문과대학 사회학과를 졸업하고 동 대학원 사회학과에서 석사와 박사학위를 취득했다. 현재는 연세대학교 사회발전연구소 연구교수로 일하고 있다. 주요 저서로『정치위기의 사회학』, 『감정은 사회를 어떻게 움직이는가』(공저), 『오늘의 사회이론가들』(공저) 등이 있고, 번역서로는『고전사회학의 이해』, 『은유로 사회 읽기』, 『자본주의의 문화적 모순』, 『감정과 사회관계』, 『민주주의는 글로벌 자본주의에서 살아남을 수 있는가』, 『거리의 시민들』, 『한 미식가의 자본주의 가이드』 등이 있다.

한울아카데미 2344

복지국가는 살아남을 수 있는가

지은이 앤드루 갬블
옮긴이 박형신
펴낸이 김종수
펴낸곳 한울엠플러스(주)
편집 신순남

초판 1쇄 인쇄 2021년 12월 10일
초판 1쇄 발행 2021년 12월 31일

주소 10881 경기도 파주시 광인사길 153 한울시소빌딩 3층
전화 031-955-0655
팩스 031-955-0656
홈페이지 www.hanulmplus.kr
등록번호 제406-2015-000143호

Printed in Korea.
ISBN 978-89-460-7344-9 93300(양장)
        978-89-460-8144-4 93300(학생판)

※ 책값은 겉표지에 표시되어 있습니다.
※ 무선제본 책을 교재로 사용하시려면 본사로 연락해 주시기 바랍니다.